Diccionario Bíblico
Para Estudiantes

Principales términos
utilizados en los
tiempos bíblicos

Publicado por
Casa Nazarena de Publicaciones
Kansas City, Missouri 64131
Reimpresión, 2008

Originalmente publicado en inglés con el título:
A Student's Bible Dictionary
por Frederic L. Fay

ISBN 978-987-22565-8-6

Traducción al español: José Pacheco

Impreso en USA
Printed in USA

Diccionario Bíblico
Para Estudiantes

Frederic L. Fay

Casa Nazarena de Publicaciones

A

AGUIJADA

AARÓN Hermano mayor de Moisés y de María (Números 26:59), y primer jefe del sacerdocio hebreo.

ABBA Un término afectuoso en arameo que significa *padre* (Marcos 14:36).

ABEL Se menciona en Génesis 4 como el hijo menor de Adán y Eva.

ABOMINACIÓN Lo que es malo según el plan de Dios para la vida correcta del hombre. Por ejemplo: la adoración de ídolos (1 Reyes 11:15), el robo (Miqueas 6:10), etc.

ABRAHAM Originalmente, Abram. Significa, Padre de Gentes. Fundador de la nación hebrea. Conocido como "El amigo de Dios" (2 Crónicas 20:7).

ABSALÓN El tercer hijo del rey David. Quiso apoderarse del trono que David conservaba para Salomón, pero fracasó. Absalón murió cuando sus guedejas se enredaron en las ramas de un árbol, tirándolo de la cabalgadura (2 Samuel 18).

ADÁN Nombre del primer hombre, según la historia bíblica de la creación.

ADIVINADOR Persona que pretendía poseer un poder especial para revelar la sabiduría que no estaba, por regla general, al alcance de todos (Daniel 2:2).

ADORAR Respetar, rendir alto honor y alabanza al que posee cualidades divinas. Los hebreos podían adorar solamente al Dios verdadero.

ÁGUILA

AJORCA

4

ADSCRIBIR   Dar crédito merecido.

ADVERSARIO   Enemigo u opositor al régimen de vida que Dios desea.

AGUIJÓN (Aguijada)   Vara larga con punta aguda para aguijonear a los bueyes y obligarlos a caminar más aprisa.

ÁGUILA   Un ave de rapiña muy grande, notable por su fuerza, su vista penetrante, su velocidad, su radio de vuelo, y su capacidad para elevarse muy alto.

AJORCA   Un brazalete de metal que se usa como adorno cerca del tobillo.

ALABAR   Glorificar o hablar muy en alto. Por ejemplo, glorificar o alabar a Dios.

ALABASTRO   Una piedra blanquecina parecida al mármol, que se usaba en tiempos bíblicos para hacer jarros o tazones.

ALABASTRO

ALBA   Aurora: la primera luz del día. También se usa para señalar el principio de una nueva era (Job 38:12; Lucas 1:78).

ALBA

ALCORNOQUE   Véase: Roble.

ALELUYA   *(Alel,* alabad; *Uya.,* a Jehová). Expresión que se encuentra al principio o al fin de algunos salmos, para estimular a los adoradores a unirse en la alabanza a Jehová. (Salmos 106, 111-113).

ALCORNOQUE

ALFA (ALPHA)   La primera letra del alfabeto griego. Véase figura en la página 47. Con Omega, la última letra del mismo alfabeto, representan la existencia eterna de Dios (Apocalipsis 1:8).

ALFARERO   El que trabaja en la alfarería.

ALFARERO

ALFORJA   Pequeño bolso de cuero en el cual los pastores y viajeros llevaban sus alimentos u otras cosas necesarias (1 Samuel 17:40).

ALGARROBAS   Probablemente las vainas dulces de la robinia, que se usaban para alimentar el ganado y los cerdos (Lucas 15:16).

ALGARROBAS

ALJABA   Depósito para conservar y llevar las flechas.

ALMA   Es la persona individual que vive en el cuerpo material, como en una casa, y que es su vida; es la parte inmortal del hombre, que continúa existiendo aun después de la muerte, cuando el cuerpo físico acaba y se deshace. Como espíritu, el alma obtiene su vida de Dios.

ALJABA

ALMENDRO

ALTAR

ANDRÉS

ÁNGEL

ALMENDRO   Da almendras y se asemeja a un árbol de durazno.

ALTAR   Una piedra grande, o una estructura de piedra o de otro material, en que se ofrecían sacrificios (Génesis 35:1).

ALTÍSIMO   Nombre aplicado a Dios (Salmos 7:17).

ALTOS   Desde tiempos primitivos, las naciones han acostumbrado erigir lugares de adoración en sitios elevados. Los hebreos siguieron esta costumbre, destruyendo las señales de adoración idólatra y dedicando los lugares altos a la adoración del Dios hebreo.

AMÉN   Vocablo hebreo que significa "Así sea" y que se usa al fin de una oración para indicar aprobación por los presentes como si la oración fuese dicha por ellos mismos.

AMO   Personaje de autoridad, como el jefe de una casa o el dueño de esclavos.

AMÓS   El más antiguo de los profetas y un gran profeta de Judá que predicó en contra de la maldad de su día. Predicaba que Dios está más interesado en una vida recta, que en ofrendas quemadas.

ANA   Anciana profetisa que vivía en el templo (Lucas 2:36-37). Presenció la dedicación del niño Jesús, y declaró que él era el Mesías.

ANÁS   El sumo sacerdote ante quien se llevó al Señor después de su aprehensión en el Getsemaní (Juan 18:12-13, 19-24).

ANATEMA   Término griego que implica que una persona o cosa ha sido condenada, o maldita.

ANCIANO   Título oficial entre los hebreos primitivos para las personas más grandes de edad, y de más experiencia, de posición e influencia en los asuntos comunales. En la iglesia cristiana primitiva, los ancianos de la iglesia tenían la supervisión de los grupos de cristianos nuevos.

ANDRÉS   El hermano de Simón Pedro y uno de los primeros apóstoles.

ÁNGEL   La palabra significa "mensajero". La Biblia señala que los ángeles son generalmente criaturas celestiales enviadas como mensajeros de Dios al hombre.

ANTICRISTO   El adversario de Cristo, o todo aquel que se opone a Cristo.

ANTIGUO TESTAMENTO   Primera parte de nuestra Biblia, y la más antigua, idéntica en contenido a la Biblia hebrea. Los 39 libros incluyen literatura histórica, legal, devocional, profética y de dichos sabios, y viene desde más de mil años antes de Cristo. Los primeros 5 libros de la ley son el Torah hebreo. Véase: Biblia; Pacto.

ANTIOQUÍA   En Antioquía de Siria se llamó por primera vez "cristianos" a los seguidores de Cristo (Hechos 11:26). A Antioquía se le considera la cuna de las misiones extranjeras, pues de aquí salió Pablo en su primer viaje misionero (Hechos 13:13).

ANUNCIACIÓN

ANUNCIACIÓN   El anuncio a María hecho por el ángel Gabriel, de que ella sería la madre de un Hijo que debería llamarse Jesús.

APEDREAR   Matar a pedradas era una de las formas de pena capital en la ley hebrea.

APOCALIPSIS, LIBRO DEL   El último libro de la Biblia. Relata el conflicto tremendo entre el bien y el mal, y revela el triunfo final de Cristo y su reino. El propósito del libro era animar a los cristianos en los días de la persecución.

APÓSTOL

APÓCRIFA   Ciertos libros rechazados por la Iglesia Primitiva, que se excluyen de la Biblia protestante, pero que se consideran de algún valor.

APOLOS   Judío de Alejandría, amigo de Pablo, entusiasta y elocuente predicador del evangelio.

APOSENTO ALTO, EL   Un cuarto grande, amueblado, que Jesús escogió para comer con sus discípulos su última Pascua. Es probable que ese cuarto haya estado en el piso superior de una casa de dos plantas en Jerusalén.

APÓSTOL   Término griego que significa "uno que es enviado". El nombre *apóstoles* se aplica a los doce discípulos a quienes Jesús escogió para prepararlos a fin de que le ayudaran en su ministerio, enviándolos a predicar el evangelio después de que él volviera al Padre (Lucas 6:13).

ARADO

ARADO   Un implemento de agricultura para remover la tierra preparándola para la semilla. En los primeros días se usaba un pedazo largo de madera dura, afilada en la punta y cubierta con metal. Este extremo se hundía en la tierra según avanzaba el arado.

ARAMEO   La lengua popular de Palestina, que Jesús hablaba. Sin duda, él también sabía griego y hebreo.

ARAR   Labrar y preparar la tierra para sembrar.

ARAR

ARARAT   Elevada montaña al noreste de Palestina sobre la que se dice que reposó el arca de Noé después del diluvio.

ARCA DE NOÉ

ARCA DEL PACTO

ARCO IRIS

ARMADURA

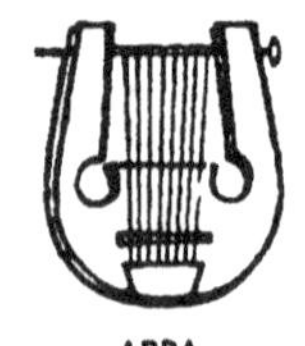

ARPA

ARQUERO

ARCA DE JOÁS   Baúl para recibir las ofrendas dedicadas a la reparación del templo en días del rey Joás (2 Crónicas 24:8-11).

ARCA DE NOÉ   La casa-bote en que según Génesis 6:8, Noé, su familia y muchos animales se salvaron de perecer en el diluvio.

ARCA DEL PACTO ó DE LA ALIANZA   Un baúl sagrado en que se conservaban las tablas de piedra de Moisés, un vaso con maná y la vara de Aarón. El arca estuvo en el Lugar Santísimo del tabernáculo, y más tarde en el templo, fungiendo como recordatorio de la presencia de Dios.

ARCO IRIS   Después del diluvio, Dios escogió el arco iris como símbolo de su promesa misericordiosa de no volver a destruir el mundo por agua (Génesis 9:11-17).

AREÓPAGO   Un cerro rocoso en Atenas donde se reunía la corte de la ciudad para considerar los asuntos criminales, sociales y políticos, y disertar sobre ellos. Pablo pronunció en este sitio un famoso sermón (Hechos 17:22-31).

ARMADURA   Un traje para cubrir el cuerpo, hecho generalmente de metal y que servía para proteger en la batalla.

ARPA   En los tiempos bíblicos era un instrumento musical pequeño, fácil de transportar, que tenía generalmente ocho o diez cuerdas sobre un marco, y se tocaba con los dedos. Era un instrumento favorito de los judíos para ejecutar en los cantos de regocijo.

ARQUELAO   Hijo de Herodes y gobernador de Judea cuando José y María regresaron de Egipto con el niño Jesús.

ARQUEOLOGÍA   Estudio científico de los restos de la vida humana antigua, tal como de fósiles, monumentos, etcétera. Generalmente se prosigue mediante cuidadosas excavaciones y el descubrimiento de regiones antiguas.

ARQUEROS   Soldados que usaban arcos y flechas, y que eran tan importantes en los encuentros guerreros de los tiempos del Antiguo Testamento (1 Corintios 8:40).

ARRAYÁN   Arbusto siempre verde, cuyas ramas se usaban para hacer cabañas en la Fiesta de los Tabernáculos (Nehemías 8:15).

ARREPENTIMIENTO   Sentirse triste por algo hecho, o no hecho; lamentarlo profundamente. En la Biblia significa dejar de hacer lo malo y seguir la voluntad de Dios completamente. Es una condición para la salvación (Lucas 13:30).

ASALARIADO Sirviente humilde que trabajaba por paga.

ASAPH Uno de los dirigentes del coro de David, que organizó un grupo de cantantes (1 Crónicas 16:4-7). Su nombre se agrega al Salmos 50 y a los Salmos 73-83.

ASHERA Nombre de una diosa pagana a la que se le rendía culto en Canaán. A veces la palabra indicaba el árbol o poste que se usaba como su símbolo, y otras veces el jardín donde se colocaba la imagen.

ASIRIA Poderoso imperio en la región superior del río Tigris. Los relatos bíblicos hablan de los asaltos por los asirios sobre Israel y Judá, de las veces que sitiaron sus capitales, y de cómo finalmente llevaron cautivo a Israel.

ASNO Animal pequeño, pero resistente, empleado para llevar cargas y viajar.

ATRIO Un patio amplio rodeado por muros o edificios; a menudo se usaba con referencia a los atrios del templo (Salmos 100:4).

AVENTADOR Trinche o pala de madera usada en el lugar de la trilla, para arrojar el grano al aire, para que el viento se lleve la hojarasca, dejando sólo el grano limpio.

AVENTAMIENTO Un método para separar el grano de la paja, después de la trilla. Un bieldo, o aventador, se usaba para arrojar la cosecha al aire, haciendo que el viento se llevara la paja y dejara el grano (Salmos 1:4).

AVES Expresión general usada en la Biblia para indicar cualquier clase de pájaro.

AYUNAR Privarse de alimento por un período de tiempo. Algunos creían que esta era una disciplina agradable a Dios, debido a la severidad. Se le considera de valor espiritual cuando se realiza voluntariamente.

B

BAAL El dios pagano adorado por los habitantes de Canaán cuando los hijos de Israel conquistaron aquella tierra.

BABEL, TORRE DE Esta torre babilónica contenía siete pisos, cada uno de ellos más pequeño que el anterior, con una basílica en el piso más elevado, donde se adoraba al dios de Babilonia. La Biblia dice que aquí fue donde Dios confundió las lenguas para que no pudieran entenderse los unos con los otros, y fueron esparcidos por toda la faz de la tierra (Génesis 11:4-8).

ARRAYÁN

ASNO

ATRIO

AVENTADOR

AVENTAMIENTO

TORRE DE BABEL

BAILE

BABILONIA   La capital de la tierra del mismo nombre; el país que rodea la región inferior de los ríos Tigris y Éufrates. En muchas ocasiones sus reyes pelearon con los hebreos y finalmente llevaron a Judá cautivo a Babilonia.

BAILE   Generalmente el baile se menciona en la Biblia como parte del ritual religioso, aunque en otras ocasiones era expresión de regocijo, como en las celebraciones de sonadas victorias.

BALANZA   Instrumento para pesar dinero y semillas. Una pieza de metal de peso determinado se ponía en un platillo, y los objetos se pesaban en el otro platillo, hasta que ambos quedaban al mismo nivel (Proverbios 11:1).

BALANZA

BÁLSAMO   La goma o trementina fragante de una planta que crecía en Galaad, al oriente del río Jordán. Se consideraba de valor por su virtud medicinal, también se usaba por las mujeres como crema para el cutis, y también para embalsamar cuerpos.

BANCO DE LOS TRIBUTOS   Oficina del colector de impuestos, donde la gente gobernada por Roma pagaba sus alcabalas (Mateo 9:9).

BAR   Término arameo que significa "hijo", usado como prefijo de nombre propio. Por ejemplo: Barjonás, (hijo de Jonás).

BÁRBARO   En los días del Nuevo Testamento, un bárbaro era generalmente cualquier persona que no fuera griega o romana.

BÁLSAMO

BARRABÁS   Cierto criminal puesto en libertad por Pilato durante el enjuiciamiento de Jesús. Pilato pidió a la multitud que escogiera entre Jesús y Barrabás. Ellos escogieron a este último (Mateo 27:11-26).

BASÍLICA   Lugar sagrado con pequeñas imágenes de plata o mármol y terracota, de un dios o diosa, como señal de respeto y reverencia.

BATO   Término hebreo para una medida líquida de unos ocho galones.

BAUTISMO

BAUTISMO   Rito practicado por Juan el Bautista, quien bautizó a Jesús. Se administraba a los miembros nuevos de la iglesia como símbolo de nuevo nacimiento. Se acepta como evidencia de fe en Cristo y promesa de discipulado fiel como miembro de la iglesia.

BELSASAR   El rey de Babilonia que dio una grande fiesta durante la cual aparecieron en la pared palabras acusatorias que más tarde Daniel interpretó.

BENDICIÓN   Conceder un favor especial a otro, una obra de buena voluntad, como cuando en una oración se pide una bendición a Dios.

BENDICIÓN PATERNA   Ambas manos del padre se colocaban en la cabeza del hijo mientras aquel pronunciaba palabras de bendición. Esta acción se estimaba mucho en los tiempos bíblicos como la imploración del favor de Dios y el logro de felicidad y éxito.

BENDICIÓN PATERNA

BERNABÉ   Miembro de la Iglesia Primitiva en Jerusalén y amigo íntimo de Pablo. Le acompañó en su primer viaje misionero.

BETANIA   Una pequeña población, como a dos kilómetros y medio de Jerusalén, sobre el Monte de los Olivos. El lugar donde Jesucristo se quedaba con frecuencia visitando a sus amigos, Lázaro, María y Marta.

BETANIA

BETESDA (Casa de Misericordia)   Un estanque formado por cierto venero de agua en Jerusalén, que tenía cinco corredores donde los cojos o inválidos esperaban para tocar el agua. Se dice que contenía virtudes curativas. En este lugar el Señor Jesús curó al hombre que había estado enfermo por 38 años.

BETH   Término hebreo que significa "casa". Se usaba en nombres propios compuestos como Bethel, que quiere decir Casa de Dios (Bethlehem, Casa de Pan).

BETHEL   Población como a 20 kilómetros al norte de Jerusalén. Muchos personajes del Antiguo Testamento se relacionan con la historia de Bethel.

BETHLEHEM (Casa de Pan)   Un pueblo muy antiguo en Palestina, situado como a ocho kilómetros al sur de Jerusalén. Era la tierra de David, y también de Rut, y se conoce mejor como el lugar de nacimiento de Jesucristo, el Mesías.

BETHLEHEM

BIBLIA   Vocablo griego que significa "libros". El libro sagrado de los cristianos; una colección de 66 libros de distintos autores que escribieron durante un período de cerca de 1,000 años. Se incluyen en estos volúmenes: leyes, historia, poemas sagrados, salmos, oraciones, proverbios, profecías, memorias, cartas, discursos y otra literatura. El Antiguo Testamento se escribió probablemente, en hebreo, y el Nuevo Testamento en griego. La Biblia es el libro más vendido y se ha traducido a más de 2,000 idiomas. Se ha hecho ya una Biblia Braille de 20 volúmenes y 169 discos, para los ciegos.

BIBLIA

BLANCA

BOLSAS

BOLSO

BUEY

FIESTA DE LAS
CABAÑAS

BIBLIOTECAS   En el Oriente eran valiosas colecciones de pergaminos, papiros y tablillas de barro. En Siria y Mesopotamia se han encontrado varias bibliotecas de unas 20,000 tablillas de barro cada una, y otras más pequeñas. Estas tablillas contenían registros del templo, obras religiosas, literarias y científicas, muchas de las cuales son muy valiosas para los eruditos de la Biblia.

BIENAVENTURANZA   Término latino que significa "feliz" o "bendito". La palabra *bienaventuranzas* se refiere a la introducción del Sermón de la Montaña en donde se hallan nueve versículos que principian con la palabra "bienaventurados", declarando algunas de las virtudes que Dios espera de sus seguidores.

BLANCA   La moneda más pequeña en los tiempos de Jesucristo. Valía, probablemente, un quinto de un centavo oro.

BLASFEMIA   Palabras que se hablan contra el honor de Dios.

BODA   La celebración que acompañaba al matrimonio. Era ocasión alegre y festiva, prolongándose probablemente por siete días. Se consumían grandes cantidades de comidas y vinos, y se cantaba y danzaba (Jueces 14).

BOLSAS   Se hacían de piel o tejido. Los pastores usaban sus bolsas para guardar alimentos, o piedras para ahuyentar a las fieras, o aun para cargar alguna oveja herida. Las bolsas pequeñas se usaban para guardar dinero.

BOLSO   Era pequeño y de cuero. Se llevaba frecuentemente en la faja y se usaba para guardar dinero. Los mercaderes lo utilizaban para llevar las piedras con las cuales pesaban sus ventas.

BOOZ   Rico agricultor de Belén. Se hizo amigo de Ruth y luego se casó con ella. Uno de sus descendientes fue David. Se menciona en la genealogía de Jesucristo (Mateo 1:5).

BOTELLAS (ODRES)   Estos recipientes se hacían generalmente de piel para cargar vino, agua, leche, etc., aunque también se usaban botellas y vasos de barro (Mateo 9:17).

BRAZA   Medida de profundidad de agua, como de dos metros.

BUEY   El animal más usado para el trabajo en el campo (1 Reyes 19), Y para sacrificios (1 Reyes 8:63).

C

CABAÑAS, FIESTA DE LAS   Un festival de siete días en el otoño, y una de las fiestas más alegres y populares de todo el año. Durante ella las familias hebreas vivían en cabañas hechas de ramas de árboles, construidas generalmente en los techos de las casas. El propósito era rendir acción de gracias por la cosecha, y recordar la peregrinación de los israelitas por el desierto cuando huían de Egipto.

CAIFÁS   Sumo sacerdote en días de Jesús, ante cuya presencia fue juzgado. Más tarde, Caifás persiguió a Pedro y a Juan.

CALABOZO

CALABOZO   Cuarto oscuro y lóbrego, generalmente bajo tierra, para encerrar prisioneros.

CALDEA   El país más al sur de los tres que estaban rodeados por los ríos Tigris y Éufrates. El del norte era Asiria, y en medio se hallaba Babilonia. Caldea se usa a veces como sinónimo de Babilonia (Jeremías 50:10).

CALDERO

CALDERO   Vasija grande para cocer carne para usos ceremoniales o domésticos.

CALVARIO (Calavera)   El lugar, en las afueras de Jerusalén, donde crucificaron a Jesús. Se desconoce su sitio exacto. También se le llama Gólgota.

CAMA

CAMA   Generalmente, un tapete hecho de paja o forraje tirado sobre el piso, o un saco lleno de paja que se enrollaba durante el día.

CAMBISTAS   Se hallaban por toda Palestina, y también en el templo, para cambiar el dinero de las personas que llegaban de países lejanos, por las divisas usadas para el impuesto del templo. Jesucristo condenó a los cambistas porque cobraban mucho por su servicio (Mateo 21:12-13).

CAMELLO   Animal muy estimado en el Oriente para la transportación y otras tareas. Puede pasar más tiempo sin alimento ni agua que cualquiera otra bestia de carga, y sus patas le permiten caminar sobre terreno arenoso suave.

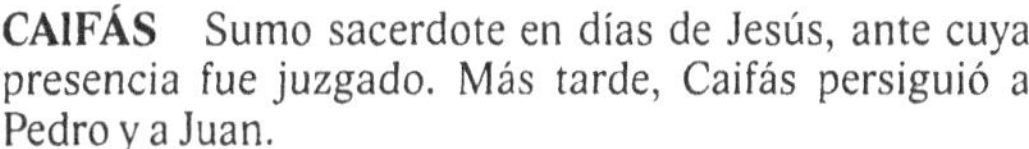

CAMBISTAS

CAMINO DE UN SÁBADO   Según la ley judía, la gente podía viajar solamente unas mil yardas en el *Sabbath*. La distancia se determinaba por el hecho de que los israelitas, al cruzar el desierto, no podían acercarse al Arca del Pacto más de mil yardas (poco menos de un kilómetro).

CAMPAMENTO   Lugar de descanso de un ejército o compañía de viajeros. La Biblia se refiere a los sitios donde los hijos de Israel se detuvieron en su viaje de Egipto a Canaán.

CAMELLO

CANDELERO

CANTARILLO

CÁNTAROS

CAÑA

CAPA

CARAVANA

CANÁ Pequeño villorrio en Galilea, cerca de Nazaret, donde Jesús realizó su primer milagro.

CANAÁN (Tierra baja) La región al oeste del Mar Muerto y el río Jordán, hasta el Mediterráneo. Dios le dio esta región a los hijos de Israel, sacándolos de Egipto para que la poseyeran.

CANAÁN, CONQUISTA DE Esto se refiere a la ocupación de la tierra de Canaán cuando los israelitas llegaron a la tierra prometida por Dios a los descendientes de Abraham.

CANDELERO Un instrumento que sostenía varias lámparas pequeñas, cada una de las cuales contenía aceite y un pábilo (Éxodo 25:31-40).

CANON DE LA BIBLIA "Canon" significa vara larga y recta para medir. El canon de la Biblia se refiere a los libros que se han considerado dignos de incluirse en nuestra colección sagrada (Biblia).

CANTARES (El Cantar de los Cantares) Título de un libro en el Antiguo Testamento, escrito probablemente por Salomón.

CANTARILLO Pequeño depósito de barro, o botella, para guardar líquidos.

CÁNTAROS Jarros de barro que podían llevarse fácilmente sobre la cabeza o al hombro, y se usaban para transportar agua de los pozos o las corrientes, a las casas. El agua entonces se vaciaba en unos depósitos de piedra usados para conservarla (Juan 2:6).

CANTO GRADUAL Los salmos 120 al 134. Se cantaban por los peregrinos cuando ascendían la colina de Jerusalén para asistir a las festividades anuales.

CAÑA Cualquiera de las matas altas que crecen en Palestina en las riberas de las corrientes. Se usaban para techar casas, y para fabricar algunos instrumentos musicales.

CAPA Una prenda externa de vestir usada por ambos sexos (Mateo 5:40).

CAPERNAUM Puerto en la margen noroccidental del Mar de Galilea, bien conocido por Jesús y donde desarrolló muchas de sus actividades (Mateo 8:14-17; 9:1-8).

CARAVANA Compañía de mercaderes y viajeros que se juntaban para hacer un viaje largo y protegerse mutuamente.

CARMELO, EL MONTE Cordillera que se extiende desde Samaria hasta el Mar Mediterráneo. En ella tuvo lugar el encuentro de Elías con los sacerdotes de Baal (1 Reyes 18:19-46).

MONTE CARMELO

CARNERO Oveja macho. De sus cuernos se hacía el *cuerno*, una clase de trompeta usada para dar señales en la batalla o en festividades sagradas. Aún se usa en las sinagogas.

CARNERO

CARROZA Un carro bajo, de dos ruedas, con frente y lados altos, pero abierto atrás. Se usaba especialmente en la guerra, aunque también algunos personajes importantes lo usaban para viajes cortos (Hechos 8:38).

CARROZA

CASA Generalmente, las casas de los pobres en las tierras bíblicas se hacían de adobes de lodo cocido al sol, y eran de un piso. En ocasiones se construía un cuarto sobre el techo, que sirviera como cuarto de huéspedes. La familia vivía en la parte elevada de la casa de un cuarto, y los animales domésticos ocupaban la parte baja.

CASTIGAR Reprender o disciplinar a alguien con el fin de mejorarlo.

CATAPULTA Instrumento de guerra usado en tiempos antiguos para arrojar grandes piedras a considerable distancia.

CATAPULTA

CATÓLICO "Universal". No significa ningún credo ni iglesia establecidos. Según la iglesia cristiana lo ha usado siempre y de acuerdo con el Credo de los Apóstoles. "Creo en la Santa Iglesia Católica" se refiere a la fe y prácticas universales, mundiales y duraderas de la Iglesia de Jesucristo. Véase: Epístolas Católicas.

CAZADOR DE AVES El que atrapaba pájaros con un lazo corredizo para sujetar sus patas, o también usando una red.

CEBADA Grano alimenticio importante usado para el ganado y los caballos, aunque algunas veces los campesinos lo cocían en forma de piezas anchas y redondas.

CEBADA

CEDRO Los cedros del Líbano eran muy deseados para la construcción de edificios, mástiles, arcas e instrumentos musicales. La madera es fragante, muy durable, y de brillantez notable.

CEDRÓN Valle que circunda el costado oriental de Jerusalén, separándolo del Monte Olivar. Jesucristo y sus discípulos cruzaron este valle cuando se dirigían al Getsemaní (Juan 18:1).

CEDRO DEL LÍBANO

CEGUERA Muy común en Palestina por causa del polvo y las moscas, o el reflejo del sol.

CENTURIÓN

CERDOS

CETRO

CIELO

CIERVO

CELO   Gran anhelo; entusiasmo.

CENTURIÓN   Oficial en el ejército romano al mando de 100 hombres (Mateo 8:1-13).

CERDOS   Puercos. Los hebreos los consideraban como animales inmundos, impropios para comerse (Levítico 11:7).

CÉSAR   Título de los emperadores romanos. En el Nuevo Testamento se menciona como el nombre del emperador que estaba sobre Judea.

CESAREA   Ciudad romana en la costa de Palestina, casi 32 kilómetros al sur del Monte Carmelo. Allí vivía Poncio Pilato. Pablo estuvo preso en esta población por dos años antes que lo enviaran a Roma.

CESAREA DE FILIPOS   Ciudad del norte de Palestina, cerca del Monte Hermón. Jesús la visitó, y en sus alrededores recibió la famosa confesión de Pedro "Tú eres el Cristo, el Hijo del Dios viviente" (Mateo 16:13-16).

CETRO   Vara corta que el rey sostenía como símbolo de su autoridad. En la corte persa nadie podía acercarse al trono a menos que el rey extendiera su cetro, invitando (Ester 4:11).

CHACAL   Animal perteneciente a la familia de los perros de tamaño aproximado al de la zorra.

CIELO   La región superior del universo. Los hebreos dividían el cielo en tres partes: el cielo bajo, donde están las nubes; el firmamento, donde se halla el sol, la luna y las estrellas, y el cielo alto, o la habitación de Dios y sus ángeles, donde los hijos de Dios van después de su muerte.

CIERVO   Venado macho.

CÍMBALOS   Instrumento musical de percusión. En el tiempo de David se utilizaban para la adoración, eran redondos y planos, como platos, de bronce. Se sujetaba uno a cada mano y se golpeaban uno contra el otro para acentuar el ritmo de la música. También se usaban para acompañar las danzas religiosas.

CIPRO (Chipre)   Una isla grande en el Mediterráneo, como a 220 kilómetros al noroeste de Palestina. Tiene la forma de un puño cerrado, con el índice señalando hacia el oriente. Pablo y Bernabé predicaron en distintas poblaciones de la isla durante su primer viaje misionero.

CIRO   Fundador del Imperio Persa, el mayor del mundo hasta sus tiempos. Cuando Ciro conquistó a Babilonia, estimuló a los judíos a que regresaran a Jerusalén, y les brindó su ayuda.

CIUDADES DE REFUGIO   Seis ciudades asignadas como refugio del que hubiera matado sin intención a otro. Véase página 55.

CIZAÑA   Planta venenosa muy semejante al trigo antes de madurar. Ya madura, se puede reconocer y destruir con facilidad.

COBRE   El metal más importante en los tiempos del Antiguo Testamento. Se usaba para fabricar vasos, cuchillos y muchos artículos útiles o de adorno.

CODICIAR   Ansia por poseer algo que pertenece a otro.

CODO   Medida de longitud; la distancia del codo de una persona, hasta la yema del dedo medio, o sean aproximadamente 18 pulgadas (45 cm).

CODORNIZ   Ave pequeña, perteneciente a la familia de las perdices. En su viaje a Canaán, los israelitas se alimentaron de codornices que les proveyó Dios (Éxodo 16:13).

COLUMNA DE NUBE   Dios lo proveyó a los hijos de Israel durante el día (columna de fuego por la noche), para dirigidos en su viaje a la Tierra Prometida. También era una señal visible de aliento que recordaba la presencia continua de Dios.

COMIDAS   En los tiempos del Nuevo Testamento, la gente de bien comía reclinándose sobre un codo en divanes que rodeaban la mesa por tres lados, dejando el cuarto lado abierto para que los sirvientes atendieran a los comensales.

CONSAGRAR   Presentar o dedicar completamente a un propósito específico, o al servicio de Dios.

CONSEJO   Sugerencia, como cuando Roboam buscó el consejo de los ancianos que habían estado con su padre Salomón (2 Crónicas 10:6).

CONSOLADOR   Nombre que Jesús dio al Espíritu Santo dado en Juan 14:16,26.

CONVERSIÓN (Volverse)   En la Biblia, por lo general significa volverse de los dioses falsos al Dios verdadero.

COPERO   Oficial mayor, cuya responsabilidad era probar los vinos y entonces llenar la copa del rey, presentándosela luego.

CORBÁN   Una ofrenda dedicada a Dios y, por tanto, no podía usarse para ningún otro propósito (Marcos 7:11).

CORDERO   Hijo de la oveja, menor de un año. Los corderos sin defecto se usaban como sacrificios por los pecados del pueblo.

CÍMBALOS

CIZAÑA

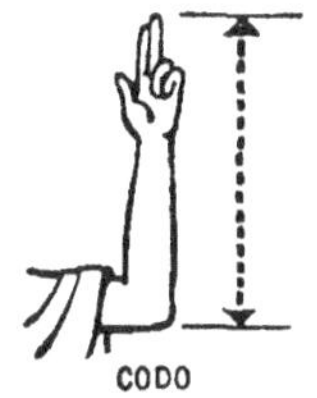

CODO

COMIDAS

COPERO

CORDERO

CORONA DE ESPINAS

CORREA

CORONAS

CORREDOR

CORDERO DE DIOS Término empleado por Juan el Bautista para referirse a Jesús, porque este sería el sacrificio por nuestras culpas (Juan 1:29).

CORINTO Después de Atenas, la población más importante de Grecia, se hallaba como a 60 kilómetros al oeste de esta. Pablo vivió en ella por varias temporadas y estableció una iglesia. Más tarde escribió varias cartas a la comunidad cristiana de Corinto.

CORNELIO Centurión romano famoso por su piedad y buenas obras. Fue el primer convertido gentil y se bautizó con su familia bajo la guía de Pedro (Hechos 10).

CORONA Se usaba como símbolo de realeza o de elevada distinción. Los vencedores en los juegos de Grecia obtenían coronas de laurel o de hojas verdes por sus triunfos.

CORONA DE ESPINAS Jesucristo llevó una corona de espinas que le colocaron sobre su cabeza los soldados romanos en son de burla, momentos antes de su crucifixión.

CORREA (del zapato) Una tira angosta de cuero para atar las sandalias al pie (Lucas 3:16). Véase Sandalia.

CORREDORES Los que iban delante de la carroza real para examinar el camino y allanar obstáculos (2 Samuel 15:1). Los corredores también informaban sobre las batallas del rey, y hacían diversas tareas (2 Samuel 18:19).

CREACIÓN Traer a existencia algo que antes no existía. La Biblia declara que Dios es el Creador de todas las cosas, pero no entra en detalles sobre el método empleado.

CRECIENTE FÉRTIL Expresión muy común para indicar el semicírculo de suelo fértil que rodea el Desierto de Arabia, comenzando desde la región del Tigris y el Éufrates, y extendiéndose por el noroeste a través de Siria, Fenicia y Palestina.

CRISTIANO Nombre que llevan los seguidores de Jesucristo. Se aplicó por primera vez en Antioquía (Hechos 11:26), tal vez como mofa.

CRUCIFIXIÓN Un método de pena capital en los días primitivos. Véase: Cruz. Se sujetaba a la víctima a una cruz usando clavos que se enterraban a través de sus manos y pies, y se elevaba la cruz colocándola dentro de un hoyo hecho en el suelo. Jesús murió crucificado.

CRUZ Instrumento para la ejecución de criminales usado por fenicios, egipcios, griegos, romanos y otros. En los Evangelios se narra la muerte de Jesús en una cruz.

CRECIENTE FÉRTIL

CUATERNIÓN   Compañía de cuatro soldados romanos. Pedro fue una vez puesto bajo la vigilancia de cuatro cuaterniones (Hechos 12:4).

CUCHILLOS   En los días primitivos, los hebreos tenían cuchillos fabricados de pedernal afilado, aunque ya para el tiempo de la cautividad poseían otros con hoja de metal.

CUERNO   Trompeta hecha del cuerno de un carnero, y utilizada por los hebreos para dar la voz de alarma o para reunir al pueblo. También se empleaba en la adoración del tabernáculo y del templo. Véase: Carnero.

CUERO   Se preparaba de las pieles de ovejas u otros animales. Se usaba para calzado, ropa, cinturones, correas, depósitos, yelmos, corazas, etcétera. Los cueros con un tratamiento especial se empleaban para escribir en ellos.

CURTIDOR   El que trabaja las pieles.

CURTIR   El proceso de preparar las pieles de los animales y hacerlas cueros.

D

DAMASCO   Situada al noreste de Palestina, era la capital y población más importante de Siria, y un gran centro comercial. Fue en camino a Damasco que Pablo tuvo una visión y creyó en Jesucristo (Hechos 9:1-9).

DANIEL   Joven judío llevado cautivo a Babilonia. Según el libro del mismo nombre, muchas experiencias demostraron su fe en Dios. Su ejemplo fue de consuelo y esperanza para los israelitas en las horas más difíciles de la cautividad.

DÁTIL   Fruto de la palma datilera, muy estimado en tiempos bíblicos como alimento.

DAVID   Nacido en Belén, hijo de Isaí, David fue ancestro de Jesucristo, quien, siglos más tarde nació también en Belén. David fue el segundo rey del imperio en Belén. Poco después de haber sido ungido rey en Hebrón, conquistó a Jerusalén y la hizo su capital. Unificó el reino y lo administró con muy habilidad, al punto de hacerlo uno de los grandes países de los tiempos antiguos.

DAVID, CIUDAD DE   Jerusalén era llamada la Ciudad de David porque él la conquistó de los jebuseos y la hizo su capital.

CRUZ

CUATERNIÓN

CUCHILLOS

CUERNO

CHACAL

DÁTIL

ESTRELLA DE DAVID

DAVID, ESTRELLA DE   Este símbolo se forma de dos triángulos equiláteros, sobrepuestos, que dan la figura de una estrella de seis puntas.

DECÁLOGO   Véase: Diez Mandamientos.

DECÁPOLIS   Diez ciudades cuyos habitantes eran griegos, situadas al sureste del Mar de Galilea, aliadas para defenderse de los judíos.

DECRETO   Una orden del emperador, de un líder político o de alguna otra persona investida de autoridad.

DEDICACIÓN, FIESTA DE LA   Un festival judío para conmemorar la reconstrucción del templo de Jerusalén bajo Judas Macabeo, en el 165 a.C., después de que había sido mancillado por extranjeros. Hoy día, los judíos celebran ese festival con el nombre de Hanukkah, una ocasión de regocijo que también se le llama "El Festival de las Luces".

DEDICACIÓN   La ceremonia pública para dedicar a cierto propósito único algún lugar de adoración, un santuario u otro edificio.

DEMONIO   En los tiempos bíblicos se creía que los demonios eran espíritus responsables por la enfermedad, la locura y el mal en los seres humanos.

DENARIO

DENARIO   Moneda romana. Con ella se pagaba el salario de un día de trabajo.

DESIERTO   El desierto de los días bíblicos era una región asolada y sin árboles, con poca vegetación, excepto después de la temporada de lluvias. Solamente las bestias salvajes y los nómadas habitaban en él.

DESIERTO

DEUDOR   El que tiene una deuda, ya sea de dinero u obligación.

DEUTERONOMIO (La Segunda Ley)   Quinto libro del Antiguo Testamento, y último del Pentateuco. Contiene una repetición de las leyes mencionadas en otros pasajes de la Escritura, y se atribuyen aquí a Moisés, el gran legislador. Se cree que una porción del Deuteronomio era "El Libro de la Ley" (2 Reyes 22:8), que fue providencialmente hallado en el templo.

DÍA

DEVOTO   Religioso; espiritualmente consagrado.

DÍA   Los hebreos medían el día desde la salida del sol hasta su puesta, y lo dividían en mañana, mediodía y tarde.

DIABLO

DIABLO   Un espíritu malo; Satanás, el principal demonio, el adversario; la personificación del mal.

DIÁCONO   Oficial en la Iglesia Primitiva cuya responsabilidad era cuidar celosamente de los pobres y menesterosos en las comunidades cristianas.

DIEZ MANDAMIENTOS, LOS   Estos, según se asientan en Éxodo 20:3-17, se los entregó Dios a Moisés en el Monte Sinaí, quien los escribió en dos tablas de piedra (Éxodo 34:27-28).

DIEZ MANDAMIENTOS

DIEZMO   Una costumbre muy antigua (Génesis 14:20), de dar la décima parte de las ganancias a Dios como expresión de gratitud.

DILUVIO   Término relacionado con la inundación en los días de Noé, cuando según la historia, Dios envió lluvia para destruir a la humanidad por causa de su iniquidad, salvando sólo a Noé y su familia (Génesis 6:5-8).

DINERO

DINERO   Desde los primeros tiempos de su historia en Palestina, los hebreos usaron dinero metálico (oro, plata o cobre), pero sólo en piezas no acuñadas y cuyo valor se determinaba por su peso (Génesis 23:16). Ellos comenzaron a usar el dinero acuñado en monedas después de su regreso de la cautividad babilónica (Siglo VI a.C.). En los tiempos del Nuevo Testamento, el gobierno romano reconocía solamente las monedas del Imperio Romano.

DINTEL   La viga superior del marco de una puerta (Éxodo 12:22).

DINTEL

DIOS   El Creador y Sustentador del universo; al Ser supremo sobre todos los seres creados.

DISCÍPULO (Aprendiz)   El que sigue el modo de pensar de otra persona. En el Nuevo Testamento se consideran discípulos a todos los que creen en Jesús y desean aprender sus enseñanzas. Véase: Apóstoles.

DISPERSIÓN   Los judíos que dejaron Palestina y se dispersaron por países distantes, especialmente los que fueron deportados a Asiria y Babilonia y decidieron permanecer allá o irse a otra parte, cuando la mayoría regresó a su tierra.

DISCÍPULO

DOMINGO   Al principio de la Era Cristiana, los seguidores de Jesús observaron el primer día de la semana porque su resurrección sucedió en domingo. Por tanto, cada domingo tenía un significado especial para ellos. Gradualmente, el domingo cristiano tomó el lugar del sábado judío.

DONCELLA   Sirvienta. También mujer que no ha conocido varón.

DORCAS   Mujer cristiana de Joppe, en la Iglesia Primitiva, famosa por su bondad hacia los pobres y necesitados (Hechos 9:36).

DONCELLA

EFOD

EGIPTO

ELÍAS

ELISEO

EMAÚS

DOTE   Dinero, o su equivalente, que se pagaba a los padres de una desposada como recompensa por la pérdida de su hija.

E

ÉBANO   Madera dura, negra, durable, común en Asia y África tropicales. Se puede pulir hasta lograr gran brillantez.

EDÉN, JARDÍN DE   Una región muy hermosa y fértil que (según la historia bíblica de la creación), fue la primera morada del hombre.

EFA   Medida de capacidad, de aproximadamente un bushel.

EFOD   Pieza de vestir, semejante a un delantal, usado bajo el pectoral por el sumo sacerdote.

EGIPTO   Un país grande y fértil, al suroeste de Palestina, por el cual fluye el río Nilo. A Egipto fueron los hijos de Jacob para comprar comida durante el hambre. A Egipto huyeron José, María y Jesús, del rey Herodes; y allí permanecieron hasta la muerte del rey (Mateo 3:14-15).

ELÍAS   Un profeta notable por su severidad, que vivió en el siglo IX a.C. Interpretó sin temor la voluntad de Dios para el pueblo, en época muy difícil de su historia.

ELISABET   La madre de Juan el Bautista y parienta de María, la madre de Jesucristo.

ELISEO   El joven sobre quien el profeta Elías arrojó su manto como señal de que Eliseo continuaría la misión del profeta anciano.

EMBALSAMAR   Cierto proceso practicado por los egipcios para preservar el cuerpo de los muertos.

EMANUEL   (Término hebreo; en griego: "Dios con nosotros") El nombre de un niño que el profeta Isaías dijo que nacería de una virgen, como señal de que Dios estaba con Judá (Isaías 7:14). Y porque él estaba con ellos, las naciones que amenazaban a Judá serían asoladas antes de que el Niño llegara a la madurez (Isaías 7:1-16).

EMAÚS   Cierta villa situada como a 11 kilómetros al oeste de Jerusalén, a la cual dos discípulos de Cristo caminaban después de la resurrección, cuando él los alcanzó. Luego llegó a su hogar para cenar y se manifestó como el Señor resucitado (Lucas 24:13-35).

ENCARNACIÓN (Latín, *incarnatio:* "ser hecho carne") La encarnación tuvo lugar cuando el Hijo de Dios se volvió hombre en verdadero cuerpo humano (Juan 1:14).

ENSOPAR   Con el fin de recoger más parte líquida de un alimento, se usaba un pedazo delgado de pan para hundirlo como cuchara en la sopa, el guisado o el jugo de la carne. Se tomaba como señal de amistad el que varias personas mojaran su pan en el mismo plato. Judas demostró amistad mojando su pan en el mismo plato con Jesús (Mateo 26:23).

EPÍSTOLAS

EPÍSTOLAS   Cartas. La mayoría de los libros del Nuevo Testamento son cartas escritas por Pablo a alguna de las iglesias que él organizó. Las cartas contienen instrucción doctrinal, comentarios sobre la conducta cristiana, y consejos pastorales.

EPÍSTOLAS CATÓLICAS   Siete epístolas reciben este nombre: Santiago, 1 y 2 de Pedro, 1, 2 y 3 de Juan, y Judas. Se debe a que no fueron escritas a ninguna persona o iglesia en particular, sino que su contenido era de naturaleza general para ser leídas por el mayor número posible. Véase: Católico.

ERRANTE

EPÍSTOLAS PASTORALES   Las "Epístolas Pastorales" del Nuevo Testamento son: 1 y 2 Timoteo, y Tito. Contienen consejos para pastores sobre los requisitos y conducta de los oficiales de iglesias, y otros asuntos pastorales.

ERRANTE   Un viajero, como por ejemplo, un mercader, un herrero, o un vagabundo ordinario.

ESAÚ   El hermano gemelo de Jacob, y mayor que él. Esaú dio a su hermano sus derechos y privilegios como hijo mayor, a cambio de un plato de sopa de lentejas (Génesis 25:29-32).

ESAÚ

ESCLAVITUD, LA   Esta expresión se refiere generalmente a los años que los israelitas pasaron en esclavitud, en Egipto.

ESCRIBA   Un escritor, o copista público, empleado por personas que no sabían escribir. Los escribas eran personas que copiaban las Sagradas Escrituras, y las interpretaban y enseñaban.

ESCRIBA

ESCRITURA   Se han encontrado inscripciones egipcias en piedra, que datan desde por el año 5,000 a.C. La colección más antigua de literatura que se conozca en el mundo, está en forma de tablillas de barro, con caracteres cuneiformes (de figura de cuña), escritos por los habitantes de Sumeria, en Babilonia, por el año 4,000 a.C. Los egipcios desarrollaron una clase de escritura a cuadros llamada "jeroglíficos". Véase: Fenicia; Escritura Cuneiforme.

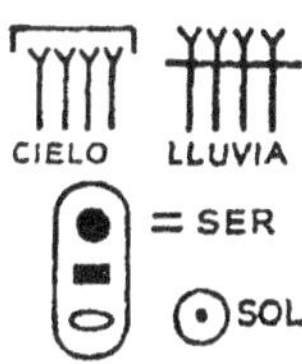

ESCRITURA

ESCRITURA (Escrito)   Término usado por los judíos para indicar sus escritos sagrados, y por los cristianos con referencia al Antiguo y el Nuevo Testamentos. *

ESCRITURA CUNEIFORME

ESCRITURA CUNEIFORME (En figura de Cuña) Escritos registrados en tablillas de barro húmedo usando un estilo con extremo en forma de cuña, hecho de madera, caña o hueso. Después se cocían las tablillas en un horno. Muchas de ellas se conservan hasta hoy. Al descifrarlas, han rendido excelente información sobre los pueblos y los tiempos de la antigüedad.

ESCUDERO Hombre joven cuya tarea era sostener el escudo grande ante el soldado que peleaba en la batalla, y llevarlo cuando no había combate.

ESCUELA

ESCUELA En los tiempos bíblicos primitivos, los padres eran los maestros de sus hijos en el hogar. Después de la cautividad, y en el tiempo de Jesucristo, las sinagogas proveían educación escolar para los muchachos. Las muchachas eran instruidas en casa.

ESDRAELÓN Extensa y fértil llanura en el norte de Palestina. Las caravanas la cruzaban y en ella se pelearon muchas batallas.

ESDRAS Sacerdote judío en Babilonia, quien condujo un grupo de judíos de regreso a Jerusalén para restaurar la vida religiosa y el estado judío. La crónica de su obra se halla en el libro de Esdras, en el Antiguo Testamento.

ESDRAELÓN

ESENIOS Una hermandad u orden monástica muy primitiva, cuyos miembros vivían de modo muy estricto, aspirando a la pureza y a una más íntima comunión con Dios.

ESMERALDA Piedra preciosa de magnífico color verde. Una de las joyas sobre el pectoral del sumo sacerdote.

ESPECIES Sustancias vegetales de olor fragante y sabor intenso, usadas para sazonar los alimentos, fabricar cosméticos y ungüentos, para el incienso, y en la preparación de cadáveres (Marcos 14:1-9).

ESPEJO En los tiempos bíblicos, los espejos eran de metal, generalmente de cobre o bronce muy pulido.

ESPEJO

ESPÍRITU SANTO Una de las manifestaciones de Dios en la Trinidad, mediante quien él mantiene comunión con los hombres entrando a sus experiencias espirituales, reprendiendo, inspirando e iluminando. Después de la muerte de Jesucristo, de manera misteriosa el Espíritu Santo habría de servir como Ayudador (Juan 14:16), como Maestro (Juan 14:26), a los hombres.

ESTABLO Edificio para el cuidado y alimentación de asnos y ganado. Es posible que el establo en donde Jesús nació, en Belén, estuviera debajo de los cuartos de los huéspedes, en el mesón.

ESTABLO

ESTADIO Medida de distancia, de como 200 metros.

ESTEBAN El primer seguidor de Jesucristo que murió como mártir por su fe. Su muerte condujo a Pablo hacia su conversión.

ESTERA Un colchoncillo largo de paja, juncos o algún otro material más suave, que se tendía en el suelo para dormir. Durante el día se enrollaba y guardaba.

ESTEBAN

ESTER Hermosa mujer judía, esposa de un rey persa, quien intercedió ante el rey para impedir la masacre de su pueblo. Su historia se registra en el libro del Antiguo Testamento que lleva su nombre.

ESTUFAS En tiempos bíblicos se hacían generalmente de barro. La parte inferior era para el fuego, y en la superior había una tapadera u otro objeto para detener la vasija del cocido.

ETIOPÍA País del África, al sureste de Egipto, conocido por los hebreos con el nombre de Cush.

ÉUFRATES Gran río de casi 2,900 kilómetros de longitud, muy hacia el este de Palestina, que sirve como frontera occidental de Babilonia. Por una temporada, el imperio hebreo se extendió hasta el Éufrates (2 Samuel 8:3).

ESTUFAS

EVA (Palabra hebrea que significa "vida") En la narración bíblica de la creación, Eva fue la primera mujer, y Adán mismo le dio ese nombre porque ella era la madre de todas las personas vivientes (Génesis 3:20).

EVANGELIO El evangelio es las "Buenas Nuevas" de Jesucristo, el reino de Dios y el plan de salvación de las vidas humanas, la cual Dios ha hecho posible por intermedio de la vida y la muerte de Jesucristo.

EVANGELIOS, LOS Cuatro historias de Jesucristo, escritas por Mateo, Marcos, Lucas y Juan, incluidas en los primeros cuatro libros del Nuevo Testamento. Dan testimonio al mensaje del evangelio dando a conocer a Jesucristo y sus enseñanzas.

LOS EVANGELIOS

EVANGELISTA

EVANGELIOS SINÓPTICOS Mateo, Marcos y Lucas. Estos tres escritores parecen haber obtenido gran parte de su material de las mismas fuentes, pues tienen muchas cosas en común. El cuarto Evangelio, Juan, entreteje en sus narrativas gran cantidad de interpretaciones religiosas, y teología, que no se encuentran en los sinópticos.

EVANGELISTA Uno que proclama buenas nuevas. En el Nuevo Testamento se dio este título a los que iban de lugar en lugar predicando el evangelio.

EXALTAR Ensalzar, glorificar. Elevar a alguien o algo a gran dignidad.

EXALTAR

EXCOMULGAR Literalmente, expulsar del compañerismo. Borrar de la feligresía de la iglesia y quitar así los privilegios de los sacramentos.

EXILIO El período de cautividad cuando los hebreos deportados (aproximadamente 50,000), vivieron en Asiria y Babilonia. Comenzó en el 597 a.C. Y duró por unos 70 años. Sin embargo, muchos hebreos jamás regresaron.

ÉXODO

ÉXODO (Salida) Nombre dado al viaje de los israelitas de Egipto a la Tierra Prometida de Canaán, bajo la dirección de Moisés (por el año 1,200 a.C.). La historia se registra en el libro de Éxodo.

EXORCISTA El que pretende tener poder para echar fuera los malos espíritus, mediante conjuros sabidos sólo por él. Véase: Hechicero.

EXPIACIÓN La creencia en el Antiguo Testamento era que cuando el hombre ofendía a Dios por su pecado, podía ser restaurado al favor divino sólo si pagaba por su maldad mediante sacrificios, ofrendas o ciertas ceremonias.

EXPIACIÓN

EXPIACIÓN, DÍA DE LA El día final de una celebración religiosa en la que el sumo sacerdote dirigía un rito ceremonial de limpieza del pueblo por causa de la inmundicia de su pecado.

EXTRANJERO Término aplicado generalmente a una persona no hebrea, pero que vivía entre los israelitas en buenas relaciones.

EZEQUÍAS Uno de los mejores reyes de Judá, quien hizo mucho por purificar la adoración en el templo y fortalecer el reino.

EZEQUÍAS

EZEQUIEL Un profeta de Jerusalén que fue transportado a Babilonia en la cautividad (597 a.C.). En este lugar estimuló grandemente a su pueblo y le ayudó a conservarse en contacto con el ideal religioso hebreo, y sus ceremonias.

F

FAJAR   El método de envolver a los niños recién nacidos o muy pequeños. Se colocaba al niño en posición diagonal sobre el lienzo y las esquinas se doblaban sobre el cuerpo, los pies, y bajo la cabeza. Después se envolvía todo con tiras de algodón o de seda (Lucas 2:7).

FARAÓN   Título honorario del gobernador del antiguo Egipto. En la Biblia con frecuencia se llama "Faraón" al rey egipcio, sin especificar a cuál rey se está haciendo referencia.

FARISEOS (Separados)   Nombre de una secta de los judíos en tiempos de Cristo, probablemente recibieron este nombre por su insistencia tenaz en la observancia de la ley escrita de Moisés y en la tradición oral. Según ellos la interpretaban, parecía separarles del resto de los judíos, y especialmente de los que no eran judíos.

FÉLIX   Gobernador de Judea, ante quien compareciera Pablo en Cesarea, para ser juzgado.

FENICIA   Sección de la costa de Palestina, desde el Monte Carmelo hacia el norte, por el oeste de Galilea. Sus habitantes, gente de mar, tenían una civilización bien desarrollada. De ellos vino el alfabeto, que fue la base de las letras hebreas, griegas y europeas.

FÉRETRO   Camilla, o plancha grande de madera en que se transportaban los cadáveres al lugar de su sepultura (Lucas 7:14).

FIESTAS y FESTIVIDADES   Ocasiones de regocijo en la vida religiosa de los hebreos, generalmente para conmemorar algún acontecimiento cumbre de su historia, o para reconocer alguna temporada o evento importante del año.

FILACTERIAS   Cintas de pergamino en las cuales se escribían cuatro pasajes bíblicos, uno de los cuales era Éxodo 13:2-10. Se enrollaban y ponían dentro de dos pequeñas cajas de cuero que medían una pulgada y media = 4 cm. por costado, y se ataban una en el antebrazo izquierdo y la otra en la frente.

FILEMÓN   Un convertido de Pablo, cuyo esclavo Onésimo huyó y también se volvió creyente por el ministerio de Pablo. Véase: Onésimo.

FILIPOS   Importante población en el este de Macedonia. Pablo fue a Filipos inmediatamente después de haber tenido una visión en que se le invitaba: "Pasa a Macedonia, y ayúdanos". Esta ciudad fue la primera en el continente europeo, que recibió el evangelio cristiano (Hechos 16).

FILISTEOS   Los habitantes de Filistia. Eran enemigos de los israelitas, quienes entraron a Canaán por el oriente durante la misma época en que los filisteos llegaron por el oeste.

FAJAR

FARAÓN

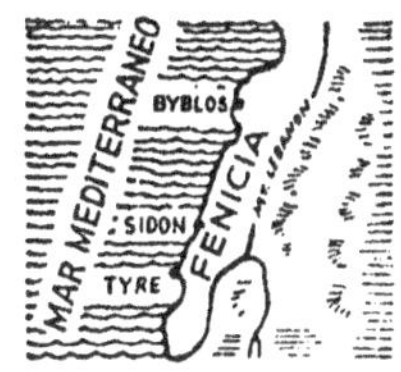

FENICIA

FÉRETRO

FILACTERIAS

FILISTEA

FILISTEA   Una faja de tierra costera, a lo largo del Mediterráneo, desde Joppe hasta Gaza, y de unos 24 kilómetros de anchura.

FIRMAMENTO   La bóveda o esfera del cielo sobre nosotros; los cielos. La región, sobre la tierra, en la cual Dios colocó el sol, la luna y las estrellas (Génesis 1).

FIRMAMENTO

FLECOS   Orlas de cordones torcidos que colgaban de las orillas de los vestidos usados por los hijos de Israel como recordatorio de que habían de guardar los mandamientos del Señor.

FUEGO   En Israel se le consideraba un agente purificador; también representaba la presencia y el poder de Dios.

FUENTE   Venero de agua que fluye del suelo, distinto de una cisterna o de un pozo cavado.

FLECOS

G

GABAÁ   La tierra de Saúl, el primer rey de Israel.

GABRIEL   Un ángel enviado como mensajero a María, para informarle que sería la madre de un Hijo quien sería grande y haría mucho por su pueblo (Lucas 1:26-33).

GALACIA   Provincia romana en el Asia Menor, al noroeste de Palestina, en donde Pablo predicó y organizó iglesias cristianas.

GÁLATAS, EPÍSTOLA DE PABLO A LOS   Los primeros dos capítulos registran la primera relación ocular sobre los principios del cristianismo, e incluyen una vigorosa declaración paulina sobre su derecho a ser considerado apóstol (capítulos 1 y 2). Los capítulos restantes son la respuesta a algunos judíos cristianos que insistían en que los gentiles que quisieran convertirse, deberían hacerlo sometiéndose a la ley mosaica. Para Pablo, Cristo había redimido a todos los hombres en donde estuviesen.

FUENTE

GALILEA   La parte norte de Palestina, desde el Río Jordán hasta el Mediterráneo. Jesús pasó casi toda su vida en esta región.

MAR DE GALILEA

GALILEA, MAR DE   Este mar se halla en la frontera oriental de la provincia de Galilea, y es alimentado por el río Jordán. Tiene la forma de un corazón, con aproximadamente 20 kilómetros de largo y 10 de ancho. Está situado a unos 240 metros bajo el nivel del océano. Lo rodean elevadas colinas, que provocan súbitas y violentas tormentas.

GAVILLA   Hato de espigas.

GAZA   Una de las principales ciudades de los filisteos en el sur de Palestina. Fue el templo de Gaza el que Samsón destruyera (Jueces 16:21-30).

GAVILLA

GEDEÓN   Uno de los jueces de Israel, quien provocó a su pueblo a defenderse contra los invasores que despojaban la tierra (Jueces 7).

GENERACIÓN   Término que generalmente se refería al total de la gente que vivía en el tiempo de que se hablaba. En plural, significaba los ancestros de muchos años, o descendientes por largo tiempo en el futuro.

GÉNESIS (Principio)   Primer libro de la Biblia. Relata la historia hebrea sobre el principio de la tierra.

GEDEÓN

GENTILES   Todos los que no son hebreos. El evangelio cristiano se proclamó entre los gentiles principalmente por Pablo, el gran misionero a los gentiles.

GERIZIM   Una montaña elevada de Samaria, la provincia media de Palestina. Allí se edificó el templo samaritano después de la cautividad, como rival del templo de Jerusalén.

GERIZIM

GETSEMANÍ   Cierto jardín al pie del Monte Olivar, en las afueras de Jerusalén, donde Jesús fue con sus discípulos después de la última cena, para orar. Allí Jesucristo fue traicionado por Judas y aprehendido por los soldados.

GIGANTE   Individuo de estatura y fuerza desmedidas. En los tiempos del Antiguo Testamento, una raza de gigantes habitaba en la tierra de los filisteos, al occidente de Judea, junto al Mediterráneo. El gigante enemigo de los israelitas, Goliat, muerto por David, era de esta raza.

GIGANTE

GILGAL   Primer sitio donde los hijos de Israel acamparon después de haber cruzado el Jordán. Allí colocaron las doce piedras tomadas del río (Josué 4:20). En Gilgal, Saúl fue ungido rey (1 Samuel 11:15).

GLORIA   Esplendor de orden muy sublime; grado elevado de cualidad y carácter, generalmente con referencia a Dios (Lucas 2:9; Hechos 22:6-11).

GLORIFICAR   Exaltar o ensalzar grandemente. Término empleado en la Escritura con referencia a Dios.

GLORIA

GOLIAT

GRANADA

GRANERO

GRILLOS

HACHA

HATO

GOBERNADOR   Persona responsable de algo especial o importante, tal como: el jefe de una tribu, un oficial en la corte real, un dispensador de justicia. En tiempos de Cristo, Roma nombraba un gobernador para regir sobre Judea.

GÓLGOTA   (Calavera) Sitio en las afueras de Jerusalén, donde crucificaron a Jesucristo (Juan 19:20; Hebreos 13:12). Véase: Calvario.

GOLIAT   Famoso gigante de Gath, de más de tres metros de altura, quien retó a los ejércitos de Israel. David, el pastorcito, lo desafió y mató usando una piedra de su honda.

GOSÉN   Nombre de cierta región en Egipto, a lo largo del Nilo, donde Jacob y su familia asentaron cuando vinieron por invitación de José, huyendo del hambre (Génesis 46:28).

GRABAR   Esculpir o cincelar con un instrumento agudo, como sobre piedras, oro, plata o piedras preciosas.

GRACIA   La disposición y bendición favorables de Dios concedidas al hombre aunque este sea del todo indigno, y carezca de méritos. Dicha gracia es el don gratuito de Dios al hombre, que no lo merece.

GRANADA   Una deliciosa fruta tropical del tamaño de una naranja.

GRANERO   Lugar para guardar grano limpio.

GRANO   Palabra que indica cualquiera de los granos usados para alimento, como el trigo, la cebada, las lentejas, el frijol, etc.

GRILLOS   Dos ajorcas conectadas por una corta cadena, usadas para atar los pies, de manera que la persona pueda dar pasos muy cortos y le sea imposible correr.

H

HACHA   Instrumento agudo de hierro para cortar, con un mango de metal o madera.

HAMBRE   Período de tiempo cuando las cosechas no maduran y los alimentos escasean agudamente.

HARAGÁN   Persona habitualmente perezosa e indolente.

HATO   Conjunto de animales, como de bueyes, camellos o caballos.

HATTÍN, CUERNOS DE   Una colina de dos cumbres cerca del Mar de Galilea. La tradición dice que allí Jesús enseñaba a las multitudes, predicando entre otros, el Sermón del Monte.

HEBREO   (de un vocablo que significa "más allá", "al otro lado") Abram fue el primero llamado hebreo, quizá porque él y su familia provenían del otro lado del Éufrates (Génesis 14:13). Es probable que los hebreos se hayan originado con los semitas arameos de la región oriental del desierto árabe.

HEBREO

HEBRÓN   Ciudad muy antigua de Palestina, situada a unos 30 kilómetros hacia el suroeste de Jerusalén, y muy relacionada con los primeros anales de los hebreos. Por más de siete años, Hebrón fue la capital de David hasta la conquista de Jerusalén.

HECHICERO   El que pretende poseer poder sobrenatural mediante la ayuda o el control de los malos espíritus.

HERALDO

HECHOS DE LOS APÓSTOLES   El quinto libro del Nuevo Testamento, se considera escrito por Lucas como continuación de su relato evangélico. Es la historia de la Iglesia Cristiana Primitiva, y presenta a los apóstoles proclamando su mensaje a los gentiles.

HERALDO   El que habla por el rey u otro oficial en una proclama.

MONTE HERMÓN

HERENCIA   Algo valioso pasado a herederos, como de padres a hijos.

HERMÓN   La montaña más elevada de Siria (2,968 metros sobre el nivel del mar), en la frontera norte de Palestina, cuyo pico, cubierto de nieve siempre, servía como señal importante para los hebreos.

HERODES EL GRANDE   El gobernador de Judea cuando Jesús nació.

HERODES EL GRANDE

HEXATEUCO (Seis libros)   Los seis primeros libros de la Biblia. Esto es, el Pentateuco (cinco libros) más Josué, libro relacionado con la etapa final de la conquista de Canaán.

HIEL   Una hierba de sabor muy amargo.

HIERRO   Uno de los metales primeramente conocidos en Palestina; abundaba allí y tenia muchos usos (Deuteronomio 8:9).

HIEL

HIGOS   Fruto de la higuera, muy usado en Palestina como alimento.

HIJOS DE DIOS   Los que han recibido a Jesucristo por fe y sostienen relación filial con Dios el Padre (Juan 1:12). Los que adoran a Dios y se esfuerzan por vivir en la fe, obediencia y amor hacia él.

HIJOS DE ISRAEL   Palabra que indica los descendientes de Jacob, esto es, todos los hebreos hasta los tiempos del rey Salomón.

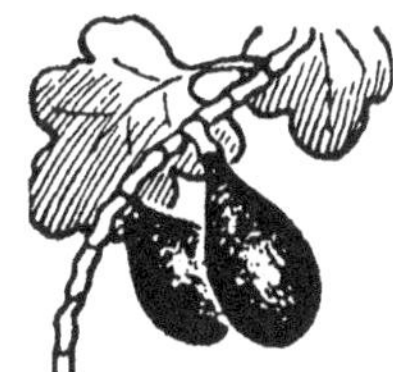

HIGOS

HIMNOS

HIRAM

HISOPO

HONDA

HORNO

HIJO DEL HOMBRE Expresión del Antiguo Testamento referente a un ser humano. En el Nuevo Testamento, Jesús la usó para referirse a sí mismo (Marcos 2:10, 28).

HIMNOS Los salmos eran los himnos que se cantaban en el templo hebreo. En los tiempos del Nuevo Testamento, y desde entonces, se ha usado una variedad de composiciones por los cristianos en la adoración de Dios, para expresar las aspiraciones espirituales y afirmar el régimen cristiano de vida. Hoy día, un himnario es un buen común denominador del pensamiento espiritual y doctrinal a través de los siglos, tanto como la expresión de ideas y experiencias espirituales de distintos grupos e individuos.

HIPÓCRITA El que pretende ser lo que no es. Jesucristo condenó severamente a los que no eran sinceros en su profesión religiosa.

HIRAM Rey de Tiro, al norte de Galilea, quien envió trabajadores y madera de los bosques del Líbano, al rey David para la construcción de su palacio en Jerusalén, y más tarde al rey Salomón para el templo (2 Samuel 5:11; 1 Reyes 5:1).

HISOPO Planta común en Palestina que tiene ciertas propiedades limpiadoras y curativas.

HOMBRE La Biblia considera al hombre como la mayor criatura de Dios en la tierra, debido a que posee algunas de las cualidades de Dios mismo (Génesis 1:26-28).

HOMER Medida hebrea de capacidad, de aproximadamente once bushels.

HONDA Arma de guerra. Generalmente consistía de una tira larga de cuero, ancha en el centro, o de un pedazo de cuero con dos cuerdas en sus lados opuestos. Se colocaba una piedra en el centro y se hacía girar por sobre la cabeza. Cuando se soltaba un extremo, la piedra salía disparada a gran velocidad. David mató al gigante Goliat usando una honda.

HOREB, EL MONTE Otro nombre del monte Sinaí, al pie del cual acamparon los israelitas por una temporada, y donde Moisés recibió la revelación de los Diez Mandamientos.

HORNO Aparato para cocinar el pan. En el hogar, el horno era algo así como un depósito de barro, con una abertura en la parte inferior para el fuego. Cuando estaba ya caliente, se ponían los panes de masa. Otras veces se esparcía el fuego, y el pan se ponía adentro, cerrándose la abertura cuando estaba aún caliente.

HORNO Concavidad para el fuego, usada para cocinar pan o alfarería, y también para derretir metales.

HOSANNA Término hebreo que significa "salva ahora", utilizado en la liturgia del templo. También por las multitudes para darle bienvenida a Jesucristo cuando entró triunfalmente a Jerusalén (Mateo 21:9).

HOSPITALIDAD En los tiempos bíblicos la hospitalidad era muy estimada como virtud. Los extranjeros eran bienvenidos tanto como los conocidos, y se tomaban elaboradas medidas para proveerles comodidades. Una ceremonia primordial era bañar y secar los pies calientes y polvorientos de los invitados cuando entraban a la casa.

HOSPITALIDAD

HOYO Un agujero grande y profundo en el suelo.

HUESTE (Ejército) Número grande de estrellas (Deuteronomio 4:19), o de soldados (Génesis 21:22). A Dios se le llama el Señor de los ejércitos (1 Samuel 17:45) porque dirigía los ejércitos hebreos.

HOYO

I

IDOLATRÍA La adoración de ídolos.

ÍDOLO Representación de una persona o criatura, usada como objeto de adoración.

IGLESIA Nombre aplicado a los grupos de cristianos primitivos que se reunían después de la resurrección de Jesucristo. Se considera generalmente el Día de Pentecostés como la fecha del nacimiento de la Iglesia (Hechos 2).

IDOLATRÍA

IMÁGENES Semejanza, artística u ofensiva, que representa generalmente la forma humana, de animal o de algún objeto real o imaginado.

IMPERIO ROMANO Por el año 63 a.C., el creciente imperio romano incluía hasta Palestina. Durante el tiempo de Jesús, Palestina era gobernada por procuradores y gobernadores, siendo un país ocupado.

IMPÍO Sin Dios, generalmente debido a la indiferencia. Vivir y obrar sin relación a Dios.

IMAGEN

IMPOSICIÓN DE MANOS Hecho mediante el cual se indicaba la concesión de una bendición, o la dedicación a un propósito especial.

IMPUESTO En los días del Nuevo Testamento, Roma imponía tasa sobre cosas esenciales, como la carne, la sal y las tierras.

INCENSARIO Pequeño depósito de metal, suspendido generalmente de cadenas, hecho para contener carbones encendidos del altar. Cuando el incienso se arrojaba sobre los carbones, y el incensario se meneaba, se producía un humo oloroso que acompañaba los ritos religiosos del tabernáculo y el templo.

INCENSARIO

INCIENSO

INCIENSO

INCLINACIÓN

INSCRIPCIÓN

IOTA

INCIENSO   Goma resina de olor aromático que exudan ciertos árboles. Se importaba de Arabia y la India. Los hebreos la usaban para adorar produciendo humo fragante delante del altar (Mateo 2:11).

INCLINARSE   Bajar la cabeza, doblando el cuerpo o arrodillándose para indicar reverencia o adoración (Génesis 24:42).

INFIERNO   Palabra que se usa con varios significados. La expresión en el Credo Apostólico: "Fue... sepultado", tiene referencia en el original a la palabra infierno como sepulcro.

INFIERNOS   Lugar de los muertos, sin indicar que sea lugar de felicidad o miseria.

INIQUIDAD   Pecado o maldad. Oposición perversa a la voluntad de Dios.

INMORTALIDAD   Existencia continua del hombre aunque pase por la experiencia de la muerte física.

INSCRIPCIÓN (Escribir encima)   Palabras escritas sobre algo, como sobre una moneda (Mateo 22:20), o encima de la cabeza de un crucificado, como encima de la cabeza de Jesús (Mateo 27:37) prensión de la verdad divina.

INSENSATO   Uno que está falto de sabiduría y buen juicio.

INSPIRACIÓN   La acción del Espíritu Santo sobre las mentes y corazones de los hombres, resultando en una revelación divina.

INTERCESIÓN   Hablar en favor de otra persona: orar.

IOTA   Una marca pequeñísima empleada en la escritura hebrea para distinguir una letra de otra. Jesús la usó como figura para referirse a algo muy pequeño. Véase: Tilde.

ISAÍAS   Considerado generalmente como el mayor de los profetas hebreos. Disfrutó la confianza de los reyes de Judá y expresó la voluntad de Dios con respecto al reino y a individuos. Un libro del Antiguo Testamento lleva su nombre.

ISRAEL   Nombre dado a Jacob después de que él luchara con un personaje, junto al río. Se usaba para referirse a los miembros de las doce tribus y, más tarde, para incluir a todo el pueblo hebreo (Génesis 32:22-32).

ISRAELITA   Un descendiente de Jacob; cualquier judío.

J

JABALINA   Lanza corta y ligera para arrojar al enemigo.

JACOB   Hijo de Isaac y Rebeca. Después de luchar con un personaje junto al río, se le dio el nombre de Israel (Génesis 32:28). Jacob, con sus hijos y familias, se mudó a Egipto en una época de hambre y se quedó allí (Génesis 46). Jacob tuvo doce hijos, cuyos descendientes se conocen hoy como las doce tribus de Israel.

JASPE   Piedra preciosa radiante y clara como el cristal (Apocalipsis 21:11).

JEBÚS   Uno de los nombres de Jerusalén antes de que fuera conquistada por David.

JEHOVÁ   Uno de los nombres hebreos para Dios era YHWH, pronunciado, probablemente: "Yahveh". Por causa de su reverencia hacia este nombre, los judíos no lo pronunciaban en voz alta, sino que usaban el término "Adonai" (Señor), en su lugar, o "Eloim" (Dios). Más tarde, las vocales se tomaron de estos dos nombres, y se agregaron a las cuatro consonantes, para integrar el nombre J (Y) EHOV (W) Á.

JEREMÍAS   Uno de los grandes profetas de los hebreos. Vivió un siglo después de Isaías, y estuvo presente durante la conquista y destrucción de Jerusalén, en el año 586 a.C.

JERICÓ   Ciudad antigua en el Valle del Jordán situada a ocho kilómetros al norte del Mar Muerto. Fue la primera ciudad tomada por las israelitas cuando entraron a la Tierra Prometida.

JERUSALÉN   Esta ciudad situada sobre un lomerío (820 metros de altura sobre el nivel del mar), la población más importante de Palestina, fue arrebatada a los jebuseos por el rey David, y constituida en capital de los israelitas. Hoy día es la capital de los judíos en todo el mundo. Es la ciudad santa para tres religiones: el judaísmo, el cristianismo y el islamismo.

JESUCRISTO   "Jesús" es el nombre personal de nuestro Señor. "Cristo" es su título: el Ungido. Sin embargo, este título se usa generalmente como un nombre propio, combinado con el nombre "Jesús".

JONATÁN   Hijo mayor del rey Saúl y amigo íntimo de David, aunque sabía que David habría de ocupar el trono de su padre, que le correspondía a él.

JORDÁN, EL RÍO   El río más largo e importante de Palestina. Nace al norte, en las faldas del monte Hermón, y fluye hacia el sur por más de 130 kilómetros, atravesando el lago Huleh y el Mar de Galilea, y descendiendo rápidamente 984 metros hasta desembocar en el Mar Muerto, a 424 metros bajo el nivel del mar.

JABALINA

JACOB

JEHOVÁ

JEREMÍAS

JONATÁN

JOSUÉ   Uno de los lugartenientes de Moisés en el viaje de Egipto a Canaán, y el escogido para suceder a Moisés, después de la muerte de este en el monte Nebo.

JOSUÉ, LIBRO DE   Registro de la dirección de Josué sobre los israelitas, y de sus varias experiencias desde el cruce del Jordán hasta la ocupación de todo Canaán.

JOYAS   Parece que desde el principio se han usado distintos objetos para el adorno personal. Estos han incluido, con el hombre primitivo, adornos de concha y hueso. Más tarde se usaron toda clase de anillos, brazaletes, amuletos, aretes, etc., hechos de piedras preciosas y de metal.

JUAN EL BAUTISTA   El hombre que bautizó a Jesucristo. Individuo de gran fortaleza espiritual; se le conocía como el precursor de Jesús, el enviado a preparar el camino para la venida del Mesías (Marcos 1:1-8).

JUBILEO, AÑO DEL   Cada quincuagésimo año era Año de Jubileo, el cual se proclamaba mediante el sonido de las trompetas en el Día de la Expiación. Todos los hebreos esclavos de hebreos eran puestos en libertad, y se restauraban las posesiones heredadas a los que habían tenido que venderlas por razones de pobreza.

JUDÁ   Cuarto hijo de Jacob, cuyos descendientes constituyeron la tribu de Judá. Más tarde, algunas porciones de otras tribus se le unieron para formar el Reino de Judá, ocupando casi todo el sur de Palestina.

JUDAS ISCARIOTE   El discípulo que traicionó a su Maestro por treinta piezas de plata.

JUDÍO   Originalmente se usó este término después de David y de Salomón, para identificar a un miembro de la tribu de Judá; más tarde vino a significar cualquier hebreo.

JUECES   En los días primitivos de los israelitas en Palestina, los jueces eran hombres maduros que asumían la dirección en épocas de peligro, como cuando los enemigos atacaban. Pasado el peligro inmediato, las comunidades miraban muy naturalmente hacia estos mismos personajes para la dirección que el gobierno regular carecía.

JUEVES SANTO   El día, en la Semana Santa, que precede al Viernes Santo.

JUNCOS   Cualquiera de las plantas de gran tamaño que crecen junto a las corrientes bajas. Se usaban para bardear o techar casas. Los tubos de los instrumentos musicales se hacían de juncos grandes y fuertes.

JURAMENTO   Petición a Dios de que confirme la veracidad de una declaración, o de la intención personal de cumplir una promesa.

JUSTO   Recto; libre de mal en asuntos como la justicia, bondad, sinceridad, desinterés, etc. Solamente Dios es justo; los hombres sólo pueden esforzarse por serlo.

L

LABRADOR   Palabra usada en la Biblia como sinónimo de campesino.

LACAYO   Mensajero que corría junto a un carro para servir a su ocupante. También se usaba para indicar soldados de a pie, en contraste con los que ocupaban carros o caballos.

LACAYO

LADRILLO   Barro con agua que se mezclaba con los pies y luego se colocaba en moldes. Generalmente los ladrillos se secaban al sol. A veces se usaba paja para que el barro tuviera mayor consistencia.

LADRILLO

LAGAR   Máquina o instrumento para prensar la fruta y extraer el jugo, como con las uvas y las olivas. La prensa podía ser una piedra hueca con un hoyo cerca del fondo, por donde salía el jugo, o podía ser también un tanque. En el caso de las uvas, el jugo se extraía mediante personas descalzas que caminaban sobre los racimos en el lagar, o prensa. Con las olivas, se rodaba una piedra grande sobre ellas para quebrarlas.

LAGAR

LAGARTIJA   Reptil de cuerpo largo y piel escamosa. En Palestina abundan las lagartijas de muchas variedades.

LAGARTIJA

LAMENTACIÓN   Llanto y lamento en voz alta.

LAMENTACIONES, LIBRO DE LAS   Pertenece al Antiguo Testamento y contiene cinco poemas de duelo por la suerte de Jerusalén después de su conquista en el 586 a.C. (2 Reyes 25).

LÁMPARA

LÁMPARA   Depósito hecho de barro o metal para contener aceite, y del cual sobresalía un pabilo que se encendía. Algunas lámparas eran pequeñas, para llevarse en la mano, con una botella para aceite colgada de un dedo con un cordel (Mateo 25:1-13).

LANGOSTA O SALTAMONTES   Plaga destructora que a menudo viaja en inmensos enjambres, cayendo sobre la vegetación y devorándola por completo.

LANGOSTA

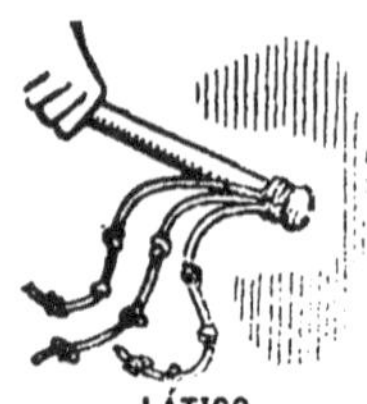

LÁTIGO

LENGUAS DE FUEGO

LENTEJA

LEPRA

LEVÍ

LÁTIGO   Azote de cuerdas o correas, sujetas a una manija, que a veces tenía pedazos de metal, o nudos, y que se empleaba para castigar a los malhechores y a los que ofendían a las autoridades (2 Corintios 11:24).

LATÓN   Un metal de mucha duración compuesto principalmente de cobre y estaño.

LAVAMIENTOS   El lavado de las manos antes de comer se consideraba muy importante como tradición antigua (Marcos 7:3). Un buen anfitrión se aseguraba de que los pies de sus huéspedes fueran lavados al llegar, como acto de cortesía y descanso para el caminante (Lucas 7:36-50). Ciertos lavamientos se recetaban como acto ceremonial para un sacerdote antes de acercarse al altar con expresiva reverencia hacia Dios.

LEGIÓN   División del ejército romano que consistía de unos 6,000 hombres. Sin embargo, el término se usaba generalmente para indicar un grupo numeroso de personas.

LENGUA   Generalmente este vocablo se usa en la Biblia para significar un idioma hablado.

LENGUAS DE FUEGO   Una de las señales sobrenaturales ocurridas cuando el Espíritu Santo descendió sobre los discípulos en el Día de Pentecostés (Hechos 2:1-21).

LENTEJA   Planta que da una semilla parecida al frijol, y que puede prepararse como alimento.

LEPRA   Una temida y horrible enfermedad de la piel. En tiempos de Jesucristo, al leproso se lo consideraba inmundo y se le requería que viviera separado de los demás. Hoy día la ciencia médica sabe que esto no es necesario, y que en muchos casos el mal puede curarse o aliviarse.

LEVADURA   Algo que se agrega a la masa para provocar su fermentación, lo cual produce un agrandamiento de la misma.

LEVÍ   El tercer hijo de Jacob. La tribu de los levitas se componía de los descendientes de Leví. Mientras los israelitas peregrinaban de Egipto a Canaán, se asignó a los levitas el cuidado del tabernáculo, su elevación, transportación, etc., y ayudar a los sacerdotes en sus ceremonias.

LEVÍTICO   El tercer libro del Antiguo Testamento. Consiste de varios códigos sacerdotales y reglas de ritual, junto con narraciones que se refieren a la observancia e infracción de estas reglas. Los levitas tenían la responsabilidad de ciertos deberes en el tabernáculo y el templo.

LEY En la Biblia, este término se refiere al elaborado sistema legislativo entre los hebreos, y cubre casi todas las situaciones que afectan al hombre en su relación con los demás. Gran parte de la ley se estableció por Moisés, pero más tarde se agregaron otros códigos. Los primeros cinco libros de la Biblia se llaman, por lo común, los libros de la ley.

LÍBANO (Blanco) Montaña cubierta de nieve (de como 1m968 metros de altura), al norte de Palestina; famosa por su belleza, su fertilidad y sus espléndidos cedros, que se utilizan para la construcción de muebles y edificios (1 Reyes 5:6).

LIBROS

LIBROS Tiras largas de papiro o papel delgado que se enrollaban en dos partes. Rollos de madera. Para abrir un libro como este, se desenrollaba una parte del otro.

LIDIA Próspera mujer de negocios en Filipos, en el norte de Grecia, quien se convirtió por la predicación de Pablo y se bautizó con toda su familia. Lidia fue la primera convertida al cristianismo en Europa. Más tarde prestó ayuda muy valiosa a Pablo y Silas en la proclamación del evangelio (Hechos 16:14).

LIMOSNA

LIMOSNA Dinero, o cosecha del campo o del viñedo, que se daba a los menesterosos (Levítico 19:9-10).

LIRA Un instrumento musical parecido a un arpa pequeña.

LIRA

LIRIO En Palestina sobreabundaban las flores de variados colores brillantes. Es probable que en Mateo 6:28, el Señor Jesús se refiera a estas flores y no a alguna variedad en particular.

LOCURA Cierto desarreglo mental, o desequilibrio, que a veces en la Biblia se explica como resultado de la presencia de un espíritu maligno.

LIRIO

LUCAS Médico cristiano y compañero de Pablo en el segundo viaje misionero de este. Lucas nos ha dado lo que sin duda es una relación verídica de la vida de Jesucristo, obtenida de testigos presenciales (Lucas 1:1-4). También es muy probable que haya sido el autor del Libro de Los Hechos, en el cual traza el mejor cuadro de la Iglesia Cristiana Primitiva (Hechos 1:1).

LUGAR SANTÍSIMO Salón encortinado en el extremo del tabernáculo, que encerraba el arca del Pacto, símbolo de la presencia de Dios entre los israelitas. Solo el sumo sacerdote entraba a este lugar santísimo, y eso una vez al año, en el Día de la Expiación.

LUGAR SANTÍSIMO

LUTO

LUNA Los campesinos de las tierras bíblicas dependían de la luna para guiarse en los tiempos de la siembra y para determinar las fechas de las fiestas religiosas. La luna nueva señalaba el principio de un mes nuevo.

LUNA NUEVA El primer día de la luna nueva era el principio de un mes lunar, y se observaba como día santo con sacrificios, sonido de trompetas y el descanso del trabajo (Números 10:10; Amós 8:5).

LUTO En los tiempos bíblicos el luto se expresaba públicamente de diversas maneras, como ser: el rasgarse la ropa, rasurarse la cabeza, rociarse la cabeza con ceniza, ayunar y sajarse. En ocasiones se contrataba a lamentadores profesionales para que se afligieran y lloraran en alta voz.

LUZ En la Biblia, la luz se relaciona con la presencia de Dios. Véase: Fuego. A Jesucristo se le llama la Luz del mundo (Juan 1:4-9), y a los cristianos que lo representan, se les denomina "la luz del mundo" (Mateo 5:14).

LXX

LXX Esta abreviatura, que consiste del número romano 70, se usa para denominar la versión Septuaginta (70), o Griega, del Antiguo Testamento. La tradición dice que esta traducción se hizo por unos 70 eruditos, de donde deriva su nombre. Véase: Septuaginta.

M

MACABEO Familia judía muy patriota que desafió a los sirios bajo Antíoco Epífanes, quien pretendía exterminar el judaísmo. Los Macabeo reconquistaron a Jerusalén y purificaron el templo por el año 165 a.C. Véase: Dedicación.

MACEDONIA

MACEDONIA País al norte de Grecia, en el cual Pablo y Silas establecieron con mucho éxito el evangelio; aquí ellos desarrollaron su primera obra misionera en Europa.

MACHO CABRÍO En el Día de la Expiación, el sacerdote ponía sus manos sobre la cabeza de un macho cabrío, y confesaba sobre él todos los pecados del pueblo. Entonces enviaban el animal al desierto, simbolizando así que Dios retiraba los pecados del pueblo (Levítico 16:29-22).

MADIANITAS Enemigos de los israelitas, vivían al sureste de Palestina, y molestaron continuamente a los hebreos hasta que Gedeón los persiguió y sojuzgó (Jueces 6–8).

MACHO CABRÍO

MAESTRO Uno de los nombres que los discípulos empleaban para dirigirse a Jesucristo. Es la traducción del vocablo griego "profesor".

MAGIA   Los métodos mediante los cuales los pueblos primitivos procuraban lograr ciertos resultados usando medios que aparentaban ser sobrenaturales.

MAGNIFICAR   Ensalzar hasta lo sublime.

MAGNIFICATA, LA   Hermoso cántico de alabanza entonado por María cuando comprendió que sería la madre del Mesías (Lucas 1:46-55).

MAGOS   Varones de una casta sacerdotal del Oriente, quienes estudiaban la astrología y las ciencias naturales misteriosas. La aparición de una nueva estrella los puso en camino, según la narración del evangelio (Mateo 2:1), de la búsqueda de un recién nacido rey de los judíos.

MAGOS

MALHECHOR   Uno que hace mal; criminal.

MAMMÓN   Término del Nuevo Testamento que indica la confianza en las riquezas y las cosas materiales antes que en Dios.

MANÁ   Alimento que Dios concedió a los hijos de Israel cuando viajaban hacia Canaán.

MANASÉS   Uno de los dos hijos de José. Al dividirse la tierra cuando la ocupación de Canaán, a los descendientes de Manasés se los llamó "la media tribu de Manasés".

MANÁ

MANDAMIENTO   Orden dada por alguien que tiene autoridad. Los mandamientos de Dios se mencionan en la Biblia como leyes, estatutos, testimonios, etc. Dios dio a Moisés los Diez Mandamientos en tablas de piedra (Éxodo 24:12).

MANTO   Una prenda de vestir suelta, sin mangas, de uso externo, que se utiliza en los países orientales.

MANZANA   Casi es la misma clase de fruta que conocemos hoy día y tal nombre se refiere también, probablemente, al prisco que era común en la tierra de Palestina.

MANTO

MARCOS   Compañero de Pablo y Bernabé en las giras de predicación. Probablemente sea el autor del Evangelio que lleva su nombre. Se cree que obtuvo de Pedro gran parte del material para dicho libro.

MAR DE FUNDICIÓN o MAR DE BRONCE   Una enorme vasija de bronce en el atrio del templo de Salomón, que servía para que los sacerdotes lavaran sus manos y pies antes de aproximarse al altar (2 Crónicas 4:2-6).

MARFIL   Una sustancia dura, blanca, que se obtiene de los colmillos de los elefantes, los hipopótamos y las morsas. Se usa para fabricar objetos de adorno finamente labrados y para incrustaciones y revestimiento de los muebles.

MAR DE BRONCE

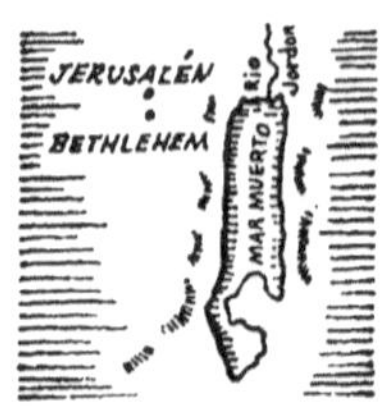

MAR MUERTO

MARÍA
LA MADRE DE JESÚS

MARÍA MAGDALENA

MARTA

MÁRTIR

MARÍA   La hermana mayor de Moisés, quien vigiló a su hermano cuando, siendo él un bebé, lo colocaron en un cesto entre los juncos del río, y quien sugirió a su madre como nodriza cuando la hija de Faraón descubrió al niño.

MARÍA DE BETANIA   Hermana de Marta y Lázaro. Véase: Marta.

MARÍA, LA MADRE DE JESÚS   El nombre de María era muy común en los tiempos del Nuevo Testamento, como lo es hoy día. Esta María era la esposa de José, ellos criaron a Jesús en la fe judía para que cumpliera con su misión.

MARÍA MAGDALENA   Mujer de la villa de Magdala a quien Jesucristo sanó de un mal mental y de dolencias físicas, convirtiéndola en seguidora suya (Lucas 8:2).

MAR MEDITERRÁNEO   Una extensión de agua situada entre Europa y África. Palestina contaba con pocas bahías buenas y los hebreos no hicieron mucho uso del mar para el comercio. Sin embargo, Pablo zarpó a sus viajes misioneros desde puertos mediterráneos.

MÁRMOL   Piedra caliza que puede pulirse. Objeto de lujo usado para edificios costosos, columnas y pisos. El mármol fue uno de los materiales que David obtuvo para el templo.

MAR MUERTO   Esta extensión de agua, también llamada Mar Salado, se halla a 420 metros bajo el nivel del mar. No tiene desagüe y, por consecuencia, el agua que lo surte puede escapar sólo por evaporación. Su agua contiene cinco veces más sal que la de cualquier otro océano. Los peces no pueden vivir en él, y una persona flota fácilmente.

MARTA   La hermana de María y Lázaro. Jesús amaba mucho a esta familia, y disfrutaba visitándola (Juan 11:1-6).

MÁRTIR   Persona de convicciones religiosas muy firmes que prefiere la muerte a la apostasía.

MATEO   Uno de los doce apóstoles. Un judío cobrador de impuestos al servicio de Roma, quien se convirtió. Estando en su escritorio cerca de Capenaum, Mateo aceptó la invitación de Jesús a seguirlo (Mateo 9:9).

MATÍAS   El discípulo escogido por suerte para ser incluido en el grupo apostólico como sucesor de Judas, este último traicionó a Jesús y se suicidó (Hechos 1:21-26).

MAYORDOMO   Sobreveedor o persona encargada de una casa grande y numerosa, como José lo fue de Potifar (Génesis 29:4).

MEDIADOR   Uno que procura amistar dos personas que no están de acuerdo. La Biblia tiene que ver con la reconciliación del hombre pecador y Dios. En el Antiguo Testamento, el mediador era el sacerdote; en el Nuevo Testamento es Jesucristo (1 Timoteo 2:5).

MELITA (Malta)   Pequeña isla de 90 kilómetros al sur de Sicilia, en el Mediterráneo, y en la cual Pablo naufragó. Durante su estancia forzada de tres meses, realizó milagros de sanidad y probablemente predicó el evangelio a los nativos (Hechos 28:1-10).

MENORAH

MENORAH   Nombre hebreo del candelero sagrado de oro que estaba en el templo. Sus siete brazos simbolizaban los siete días de la creación (Éxodo 37:17-24).

MERCADO   Sitio o plaza abierta en una población, donde podía comprarse y venderse mercancía. En ocasiones, los tribunales públicos y otras reuniones se realizaban en los mercados.

MERCADO

MEBODACH (Marduc)   Principal dios de los babilonios.

MESÍAS (Ungido)   Vocablo hebreo para señalar a cualquiera que fuera ungido con aceite santo y separado para un oficio elevado. A Jesús se le llama Mesías por ser el enviado de Dios para cumplir las grandes esperanzas de los judíos sobre un Emancipador y Salvador.

MESÓN   Asilo en el camino para el abrigo de hombres y bestias.

MESÓN

MESOPOTAMIA (Entre los Ríos)   La región circundada por los ríos Tigris y Éufrates.

MEZUZAH (Dintel)   Una caja pequeña con un pergamino en el cual estaban escritos Deuteronomio 6:4-9 y 11:13-21, y que se aseguraba al marco exterior de la puerta de entrada. Esto significaba que la familia procuraba vivir de acuerdo con los ideales del judaísmo. Todo judío devoto tocaba la Mezuzah con sus dedos al pasar por la puerta, y después besaba sus dedos como señal de reverencia hacia las palabras escritas en el pergamino contenido en la cajita.

MEZUZAH

MIEL   Este producto, ya fuese de abejas silvestres o domesticadas, era abundante en Palestina. De mucha estima como alimento, se usaba ocasionalmente para hornear pasteles, ya que el azúcar era desconocida (Éxodo 16:31).

MILAGROS   Eventos o consecuencias maravillosos que no pueden explicarse por la operación de ninguna ley o fuerza natural conocida. Jesucristo realizó milagros como evidencia de su amor por la humanidad.

MIEL

MILETO   Población importante del Asia Menor en la cual Pablo predicó (Hechos 20:13-38).

MIRRA

MOISÉS

MOLINO

MOLOCH

MULTITUD

MINISTRO   A veces se dice "ayudante". Uno que sirve a otro voluntariamente. Se usa con este sentido en la Biblia, con especialidad en la dirección de servicios religiosos en la sinagoga y la iglesia cristiana primitiva (Lucas 4:20).

MIQUEAS   Un profeta que rehusó diluir el tono del mensaje de Dios para agradar al rey.

MIRRA   Arbusto muy común en Palestina, con una madera y corteza muy fragantes. Produce una sustancia amarillenta que se usa como perfume, en medicinas, ungüentos, cosméticos y para embalsamar. Los magos dieron un obsequio de mirra al niño Jesús (Mateo 2:11).

MISERICORDIA   En la Biblia, misericordia es la bondad y magnanimidad de Dios para con los hombres, aunque sean indignos de su favor.

MOAB   Un país situado al oriente del Mar Muerto, que en ocasiones no se mostraba muy amigo de los israelitas.

MOISÉS   Una de las grandes figuras de todos los tiempos. Moisés condujo a una multitud indisciplinada y nómada de hebreos, de la cautividad en Egipto a la independencia en Palestina, desarrollando en ellos el espíritu de unión. Él fue el fundador de la religión basada en un Dios. Dio a su pueblo la ley hebrea, la cual permaneció prácticamente inalterada hasta los días de Esdras. Su sabio discernimiento ha influido toda legislación, gran parte de la cual aún existe en el judaísmo ortodoxo.

MOLINO   Dos piedras circulares, una sobre otra, de las cuales la colocada encima tenía una manija para hacerla girar sobre la de abajo. El grano se colocaba en un hoyo situado en el centro de la piedra de arriba, se molía entre las piedras, y la harina salía por las orillas, cayendo sobre un lienzo.

MOLOCH   Un dios de los pueblos que estaban al este del Jordán, en tiempos del Antiguo Testamento. Su culto incluía el sacrificio de niños pequeños en el fuego (Levítico 18:21).

MONOTEÍSMO   La adoración a un solo Dios.

MORIAH, EL MONTE   La colina donde se hallaba la era de Arauna Jebuseo, la cual David compró para edificar un altar a Dios.

MORRIÑA   Enfermedad, o plaga, infecciosa, que ataca al ganado.

MOTA   Pequeña partícula de polvo, como la que puede introducirse fácilmente a un ojo.

MULTITUD   Un gran número de personas reunidas (Mateo 5:1).

MÚSICA   Entre los hebreos, la música recibía gran estímulo en el culto del templo. Aquí se preparaban grandes conjuntos corales bajo músicos competentes, los cuales cantaban antifonalmente, con tal volumen que se les oía a buena distancia (Nehemías 12:45-47). A menudo se usaban instrumentos de cuerdas, de viento y de percusión para acompañar el canto.

MÚSICA

N

NAAMÁN   General sirio atacado por la lepra. Cuando Eliseo el varón de Dios, lo sanó, Naamán aceptó al Dios de Israel como el único Dios verdadero en toda la tierra (2 Reyes 5).

NABUCODONOSOR   El rey babilonio que conquistó a Jerusalén y deportó a muchos judíos, llevándolos cautivos a Babilonia por los años 597-588 a.C.

CAUTIVO A BABILONIA

NARDO   Planta olorosa empleada en la fabricación de perfumes y ungüentos costosos.

NAZAREOS   Individuos que tomaban un voto especial mediante el cual se apartaban para el servicio de Dios en alguna forma singular, por una temporada señalada de antemano. El nazareo no tomaba bebidas embriagantes, ni cortaba su cabello, ni tocaba un cuerpo muerto.

NARDO

NAZARET   Villorrio en el sur de Galilea, entre el Mar de Galilea y el Monte Carmelo, donde vivían José y María. En este lugar creció Jesús hasta llegar a ser hombre maduro.

NEBO, EL MONTE   Porción del Monte Pisga, al otro lado del Jordán, desde Jericó. Moisés lo escaló por mandato de Dios (Deuteronomio 32:49), para contemplar la tierra prometida antes de morir (Deuteronomio 34:1-6).

NEHEMÍAS   Judío empleado como copero del rey persa durante el exilio. Persuadió al rey que le concediera un salvoconducto para regresar a Jerusalén y la autoridad de reconstruir la ciudad. Realizó su plan a pesar de la oposición. El registro de sus actividades se halla en el libro del Antiguo Testamento que lleva su nombre.

NICODEMO

NICODEMO   Un fariseo que visitó a Jesús de noche porque tenía deseos de aprender más sobre sus ideas religiosas.

NILO   El gran río de Egipto. La gran fertilidad del Valle del Nilo se debe a las inundaciones del río sobre las tierras bajas. El rico sedimento del noreste de África queda sobre la tierra cuando el río retrocede a su lecho natural, y la gente siembra sus granos en el suelo así abonado.

NOCHE

NOÉ

NÓMADAS

NUEVO TESTAMENTO

NÚMEROS

NÍNIVE   Capital y ciudad principal de Asiria. Aunque fue totalmente destruida en el 612 a.C. (Sofonías 2:13-15), las excavaciones han descubierto algunas ruinas. El rey poseía una inmensa biblioteca de 22,000 tabletas de barro. Muchas de ellas se han transportado y traducido, y ofrecen abundante información sobre la grandeza de Nínive.

NOCHE   Los hebreos dividían la noche en tres vigilias: del anochecer a la media noche; de la media noche al canto del gallo, y del canto del gallo al amanecer. En el Nuevo Testamento se usaba el sistema romano de cuatro vigilias: del atardecer a las 9 de la noche; de las 9 a la media noche, de la media noche a las 3 de la mañana (el canto del gallo), y de las 3 al amanecer (Marcos 13:35).

NOÉ   El décimo descendiente de Adán. La narración bíblica anota que por la corrupción del hombre, Dios destruyó por el diluvio a todas las cosas vivas que había creado, excepto a Noé y su familia, pues él era justo. Un par de todas las criaturas menores se protegió en el arca con Noé, y se salvaron.

NÓMADAS   Pastores y vaquerizos que vagaban con sus ganados, de un pastadero a otro. Vivían en tiendas, sin tener hogares establecidos.

NUEVAS   Noticias; un mensaje. "Buenas nuevas" (Lucas 2:10).

NUEVO TESTAMENTO   El Nuevo Testamento es la segunda parte de las Escrituras Cristianas, y consiste de 27 libros. Contiene la narración de la vida de Jesucristo y los principios de la Iglesia Cristiana. Los escritores no pensaron que estaban contribuyendo material para "Las Santas Escrituras", pero tenían grandes deseos de registrar los hechos sobre el Señor Jesús, y darlos a conocer, anotando la forma en que esos hechos ayudaron a proclamar la verdad y revelar su voluntad. Véase: Biblia; Pacto.

NÚMEROS   El cuarto libro del Antiguo Testamento. El nombre viene por el censo tomado al pueblo y registrado en los capítulos 1, 3, 4 y 26. Este libro presenta narraciones y leyes que cubren los 40 años de peregrinación hebrea por el desierto.

O

OBISPO (De un vocablo griego que significa "supervisor")   Un oficial en la Iglesia Cristiana Primitiva (1 Timoteo 3:1-7).

OBLACIÓN   Ofrenda a Dios, generalmente no de animales, sino de harina, frutos y aun tierra.

OFRENDA DE GRATITUD   Una ofrenda para expresar el agradecimiento a Dios.

OFRENDA QUEMADA   Ofrenda que se quemaba en el altar, como don a un dios o ídolo. Para los hebreos del Antiguo Testamento simbolizaba el deseo del que ofrendaba a someterse completamente a la voluntad de Dios.

OFRENDA QUEMADA

OFRENDAS   En la adoración judía había muchas clases de ofrendas importantes a Dios. Se requería que los animales para el sacrificio fueran sin defecto. El fuego debería consumir todo el animal como expresión de la dedicación completa del adorador; otros sacrificios se hacían para expiar los pecados. Véase: Expiación.

OLIVAR, MONTE DEL   Una colina al este de Jerusalén, separada por el angosto Valle del Cedrón. En sus faldas se hallaba el Huerto de Getsemaní. Jesús iba a veces al Monte del Olivar por la noche (Juan 8:1), desde donde podía contemplar la Ciudad Santa.

MONTE DEL OLIVAR

OLIVO   El olivo era uno de los árboles más comunes y estimados en Palestina. Su sombra se apreciaba mucho como protección del sol ardiente. Su fruto era un alimento básico, y su aceite se usaba para cocinar, alumbrar, y fabricar ungüentos.

OLIVO

OMEGA   Última letra del alfabeto griego.

OMNIPOTENTE   Todopoderoso.

ONÉSIMO   Esclavo que pertenecía a Filemón de Colosas, en Asia Menor. Huyó de su amo y siendo fugitivo en Roma se convirtió bajo la influencia de Pablo. Más tarde regresó a su amo con una carta de Pablo, suplicando que Filemón recibiera a su esclavo no como a un siervo fugitivo, sino como a un hermano amado (Epístola a Filemón).

ÓNIX   Piedra semipreciosa de la familia del cuarzo, con venas de colores. David juntó muchas de ellas para usarlas en el templo de Salomón (1 Crónicas 29:2).

ALFA

ORACIÓN   Orar es comunicarse con Dios. Esto incluye la confesión de pecados, dar gracias, alabar, hacer peticiones en favor de uno o de los demás, y escuchar a Dios.

ORÁCULO   Persona, o medio por el cual se entregaban al hombre mensajes de Dios. La voluntad de Dios se daba a conocer por intermedio de sacerdotes, profetas, sueños (1 Samuel 28:6), el Urim y el Tumim (Éxodo 28:30), y el lugar santísimo (Salmos 28:2).

OMEGA

ORDENACIÓN

ORTIGA

PALANGANA

PALMERA

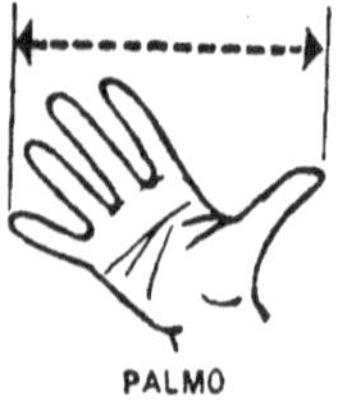

PALMO

ORDENACIÓN La ceremonia, llamada "Imposición de Manos" que apartaba a los hombres para el ministerio cristiano (Hechos 12:2-3).

ORDENAR Nombrar o designar con autoridad (1 Crónicas 9:22).

ORTIGA Planta espinosa con puntas muy agudas que penetran la carne fácilmente y producen un dolor intenso.

OSEAS Profeta del siglo VIII a.C. El énfasis de su mensaje fue el amor perdonador de Dios hacia el hombre.

P

PABLO (En hebreo, **Saulo**) Cierto judío que de joven persiguió a los primeros cristianos, pero que se volvió seguidor de Jesucristo después de haber tenido una visión en el camino a Damasco. Como apóstol, fue predicador eminente, escritor brillante y promotor incansable de la fe cristiana, el primer misionero cristiano, y autor de casi la mitad de los libros del Nuevo Testamento.

PACTO Acuerdo solemne entre dos partes. Los hebreos establecieron un pacto con Dios para obtener su protección (Éxodo 34:10). Este es el Viejo Pacto, de donde obtenemos el título Antiguo Testamento, para la primera porción de la Biblia. El Nuevo Pacto, o Nuevo Testamento, es la promesa de Dios para salvación de los que crean en Cristo y le acepten como Salvador (1 Corintios 11:25).

PAGANOS Los pueblos y naciones que no adoraban al Dios de Israel.

PAJA Gavillas de grano partido y usado como alimento para el ganado, los asnos y los caballos. También se usaba en la fabricación de ladrillos para sujetar bien la arcilla.

PALANGANA Depósito de metal para colocar el agua en que los sacerdotes deberían lavarse las manos antes de ofrecer el sacrificio. Esto simbolizaba la santidad requerida en el servicio a Dios.

PALESTINA Pequeño territorio en el extremo oriental del Mar Mediterráneo. Mide unos 240 km de largo, de Dan a Beerseba, por un promedio de 64 km de ancho, hasta el río Jordán. El nombre le vino de *los filisteos,* un pueblo que habitaba en la costa sur.

PALMERA Un árbol tropical recto y alto que termina en una corona de hojas grandes, como de abanico. Su fruto era de mucha estima en los tiempos bíblicos.

PALMO Unidad hebrea de medida; la distancia de la yema del dedo pulgar, a la del meñique, estando la mano extendida como 22,5 cm = 9 pulgadas.

PAN   Para hacer el pan, se molía el trigo o la cebada usando dos piedras redondas. La harina se mezclaba con la leche o el agua haciéndose tortillas redondas y delegadas que se ponían al horno. Siendo fáciles de manejar, las tortillas se doblaban para formar cucharas a fin de juntar los líquidos o la salsa dorada.

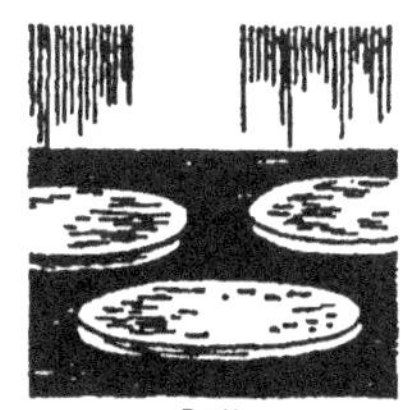

PAN

PANDERETA   Pequeño instrumento musical, como un pandero pequeño.

PANDERETA

PANES DE LA PROPOSICIÓN   Doce piezas grandes de pan sin levadura, que correspondían a las doce tribus de Judá, y que se cambiaban cada sábado, colocándose en dos pilas sobre una mesa dentro del tabernáculo, y en el templo, como símbolo de gratitud a Dios.

PAPIRO   Caña alta que crecía en las regiones cenagosas de Palestina y en las márgenes del Nilo, en Egipto. Los tallos son frágiles y pueden tejerse haciendo botes pequeños y cestas. Se hacía cierta clase de papel separando las cubiertas interiores en capas muy delgadas, colocándolas una sobre otra, atravesadas, y golpeándolas.

PANES DE LA
PROPOSICIÓN

PARÁBOLA (Poner al lado)   Una relación breve mediante la cual se ilustra una verdad moral o religiosa, comparándola con alguna experiencia general común.

PARAÍSO (Un parque)   Término que indica en la Escritura el lugar donde habitan los justos después de la vida en la tierra.

PARÁLISIS   Una enfermedad que imposibilita a los músculos para que muevan distintas partes del cuerpo.

PAPIRO

PASAS   Uvas secas al sol. Se conservaban en racimos, o como panes, y se guardaban para alimento.

PASCUA   Una de las grandes festividades judías, que coincidió con la fecha de la resurrección de Cristo. Su propósito era conmemorar la liberación de la esclavitud egipcia, especialmente porque el ángel destructor pasó por alto los hogares hebreos cuando mató a los primogénitos de Egipto.

PASCUAL   Relacionado con la celebración de la Pascua, o con resurrección.

PASIÓN   La pasión de Cristo incluye sus sufrimientos desde la Última Cena y las experiencias en el Huerto de Getsemaní, en el juicio, en el camino hacia el Calvario, y durante su crucifixión.

PASTOR CON SU VARA

PASTOR   El encargado de cuidar o atender el ganado, las ovejas, etc.

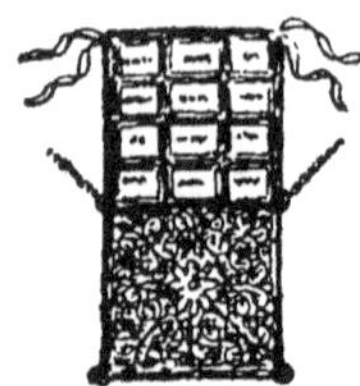

PECTORAL DE
SUMO SACERDOTE

PECTORAL DE
SOLDADO

PENIQUE

PEREGRINACIÓN

PESEBRE

PATRIARCA   Nombre general dado a un personaje bíblico que vivió antes de Moisés por ejemplo, Abraham, Isaac y Jacob.

PECADO   Todo lo que un hombre piensa o hace, en contra de la voluntad de Dios.

PECTORAL   El pectoral del sumo sacerdote era de tela, con 12 joyas, que llevaba cada una de ellas el nombre de una tribu hebrea. Se usaba especialmente cuando el sumo sacerdote entraba al Lugar Santísimo una vez al año (Éxodo 28:15-30). El pectoral de un soldado servía de protección en la batalla, y se hacía de piel gruesa.

PEDRO   Un pescador que se volvió seguidor de Jesús, y después un apóstol. Después de la muerte de Jesús, Pedro vino a ser un líder sobresaliente en la Iglesia Cristiana. La tradición dice que fue martirizado en Roma, siendo crucificado con la cabeza hacia abajo por petición propia.

PENIQUE   Moneda de poco valor usada en tiempos del Nuevo Testamento. Valía menos de un centavo.

PEREGRINACIÓN   Un viaje, generalmente largo, a un santuario religioso, por un grupo de devotos.

PEREGRINACIÓN, LA   Generalmente se refiere al período cuando los israelitas estuvieron en esclavitud en Egipto (Génesis 15:3).

PERSIA   Pequeño país al sureste de Babilonia. Mediante muchas conquistas, aumentó en poder y tamaño hasta que el Imperio Persa se extendía de Egipto hasta el Asia Menor, siendo el más grande del Asia Occidental.

PENTATEUCO (Cinco libros)   Los primeros cinco libros de la Biblia, conocidos como La Ley. Los judíos lo llamaban *Torah*. Véase: Ley.

PENTECOSTÉS   Festival judío muy solemne de un día, mencionado en el Antiguo Testamento. El primer Pentecostés cristiano, sucedido el séptimo domingo después de la resurrección, sobresale por la venida del Espíritu Santo sobre los apóstoles y el nacimiento de la Iglesia Cristiana. El Domingo de Pentecostés se observa cincuenta días después de Resurrección.

PERGAMINO   Piel de las ovejas o de las cabras, preparada para usarse como material de escritura.

PESCA   Ocupación muy común en Palestina para conseguir alimento. Se realizaba principalmente mediante el uso de redes.

PESEBRE   Un cajón abierto donde los animales se alimentaban. El Señor Jesús nació en un pesebre (Lucas 2:7, 12).

PESTILENCIA   Cualquier enfermedad contagiosa e infecciosa que se propaga rápidamente y causa mucho sufrimiento.

PIEDRA DE ESQUINA (cabeza del ángulo)   Piedra del ángulo frontal en el fundamento de una pared o edificio. Era importante porque sostenía los costados.

PIEDRA DE ESQUINA

PIEDRA MOABITA   Una piedra de basalto negro, descubierta en Moab en 1868, con una inscripción semejante al hebreo, y que registra acontecimientos y lugares que corresponden a los mencionados en algunos pasajes de las Escrituras.

PILATO   Gobernador de Judea ante quien se juzgó y azotó a Jesucristo, y quien le entregó para ser crucificado (Juan 18:28-19:16).

PINÁCULO   El punto más elevado del templo.

PÍO   El que procura comprender y hacer la voluntad de Dios.

PIEDRA MOABITA

PISGA   Una porción del Monte Nebo, la montaña desde la cual Moisés contempló la Tierra Prometida antes de su muerte. Véase: Nebo.

PLAGA   Aflicción o pestilencia muy común en los tiempos del Antiguo Testamento, y la cual se consideraba que era enviada por Dios. Las diez plagas en Egipto se registran en el Éxodo como una visitación divina contra los egipcios para que Faraón soltara a los israelitas. Véase: Pestilencia.

PINÁCULO

PLUMA   Es probable que las primeras plumas para escribir con tinta se hicieran de caña, aguzada con una navaja (Jeremías 36:23; 3 Juan 13).

PODÓN   Palo largo con una navaja curva en el extremo, usado para cortar retoños y ramos de los árboles frutales.

PLUMA

POESÍA   La Biblia contiene mucha poesía, pero solamente las versiones más modernas lo indican en su forma impresa. El paralelismo es uno de los principales rasgos de la poesía hebrea, esto es, que en la primera línea se dice algo y en la segunda se agranda el pensamiento o se asienta algún contraste (Job 3:17; Proverbios 10:11).

POLILLA   Insecto alado muy común en Palestina y el cual en su condición de larva, come y destruye la ropa (Job 13:28; Mateo 6:19).

POLITEÍSMO   La creencia en más de un dios. Lo contrario de monoteísmo.

PORTERO   El guardia de una puerta de la ciudad, de una casa, o especialmente del templo.

PODÓN

POSTE

POSTE   Un pedazo grande y alto de madera (a veces de piedra) al lado de una puerta (Deuteronomio 11:20).

POTAJE   Cocido de lentejas, planta de la familia del frijol, y aderezado con otras verduras (Génesis 25:27-34).

POTIFAR   El capitán de la guardia de Faraón que compró a José de los ismaelitas cuando estos le trajeron a Egipto (Génesis 39:1).

POZO   Un hoyo de como 2,30 metros de profundidad, hecho en la tierra o en la roca, donde se pudiera reunir agua. Generalmente se cubría la boca del pozo con una piedra, y a veces se construía un pretil. Jesús se sentó junto al pozo de Jacob, en Sicar, mientras conversaba con la samaritana (Juan 4:6). La excavación de un pozo nuevo era ocasión de regocijo y cantos. Uno de los cantos más antiguos es "El Canto del Pozo" (Números 21:17-18).

POZO

POZO DE JACOB, **EL**   Hoyo muy profundo, cerca de la antigua Siquem, cavado, probablemente, por Jacob. En este pozo tuvo lugar la conversación de Jesucristo con una mujer samaritana (Juan 4:5-10).

PRECEPTO   Un mandamiento, instrucción o regla que tiene el propósito de mejorar la conducta.

PRECURSOR (El término griego significa "uno que va antes")   Juan el Bautista es llamado el precursor de Jesucristo porque vino antes de él para preparar al pueblo para su venida.

PRENDA   Las propiedades personales de un individuo, dadas como fianza, por deudo o promesa.

PRETIL   Un parapeto bajo que se construía alrededor del extremo opuesto de un techo plano de una casa para prevenir accidentes.

PRIMICIAS   La ley hebrea requería que las primicias se ofrecieran en la casa de Dios como reconocimiento de que él era el dador de todo.

EL POZO DE JACOB

PRIMOGÉNITO   El hijo mayor. A la muerte del padre, el hijo mayor venía a ser la cabeza del hogar, y recibía una porción doble de la herencia paternal.

PRIMOGENITURA   Los derechos especiales, privilegios y herencia del hijo mayor en la familia israelita (Deuteronomio 21:17).

PRÍNCIPE   En la Biblia, este término no significa necesariamente una persona de ascendencia real, sino más bien un hombre que ocupa posición de autoridad, tal como el jefe de una tribu o el capitán de un grupo de hombres.

PRETIL

PROCURADOR   Individuo nombrado por el emperador romano, y responsable directamente a él, para administrar todos los asuntos de alguna parte del imperio; a menudo, el gobernador de una provincia romana donde había dificultades o se esperaba que hubieran. En el Nuevo Testamento se mencionan algunos procuradores de Judea, como Poncio Pilato, Félix y Festo.

PRETIL EN UNA CASA HEBREA

PRÓDIGO   El que malgasta su dinero o sus posesiones con insensatez. Jesús narró la parábola del padre amoroso que recibió de nuevo a su hijo pródigo arrepentido (Lucas 15:11-32).

PROFANAR   Volver ceremonialmente inmundo.

PROFETA (En hebreo, uno que habla por otro)   El profeta hebreo no era tanto un anunciador de lo que iba a ocurrir, como un anunciador de la voluntad de Dios, aunque ambas ideas se incluyeron en su mensaje. El profeta era un hombre que se sentía llamado por Dios a predicar y a hablar en su favor, sin temor.

PROCURADOR

PROFETAS MAYORES   Estos incluyen a Isaías, Jeremías y Ezequiel, cuyos escritos consisten de declaraciones de advertencia y consejo, e incidentes en sus vidas.

PROFETAS MENORES   Los doce profetas menores no lo son por la importancia de su mensaje, sino por la brevedad de sus escritos. Estos profetas son: Oseas, Joel, Amós, Abdías, Jonás, Miqueas, Nahum, Habacuc, Sofonías, Hageo, Zacarías y Malaquías.

PROPICIATORIO, EL   La cubierta del Arca de la Alianza (Véase: Arca del Pacto), lugar simbólico de la presencia eterna de Dios. Una vez al año, el Día de la Expiación, el sumo sacerdote entraba al Lugar Santísimo y quemaba incienso que envolvía el Arca y el Propiciatorio. Esta acción representaba el ruego por la misericordia de Dios en el sacrificio de la expiación por el pecado.

PROFETAS MENORES (OSEAS)

PROSÉLITO   Persona que ha sido convertida, o ganada, de una fe a otra.

PROVERBIO   Dicho corto expresado en términos vívidos y fáciles de recordar. Una sentencia.

PROVERBIOS, LIBRO DE LOS   Uno de los libros del Antiguo Testamento, que es un conjunto de varias colecciones de proverbios, muchos de los cuales se atribuyen a Salomón, y otros no. Los proverbios son pequeños comentarios sabios basados en la observación aguda de la gente y su vida diaria.

EL PROPICIATORIO

PUBLICANO

PROVINCIAS Divisiones geográficas de un país, hechas con fines administrativos.

PUBLICANO En los tiempos del Nuevo Testamento, el publicano era un agente del gobernador romano de Judea, encargado de recoger los impuestos del imperio. Todo publicano podía obligar a la gente a pagar una cantidad fija, de la cual una parte se guardaba para sí, y por esto se le odiaba y trataba con menosprecio.

PUERTA

PUERTA (De una ciudad) Una abertura en la muralla con dos pesadas hojas que se cerraban por las noches y en tiempos de peligro o crisis. El espacio libre en el interior era con frecuencia punto de reunión para el pueblo, los mercados públicos, los encargados de administrar justicia, y otros que acudían a observar y discutir asuntos públicos.

PUERTA DE LAS OVEJAS Una entrada en las murallas de Jerusalén, por donde entraban los animales para los sacrificios.

PURGAR Purificar de las impurezas.

PURIFICACIÓN Ceremonia que libraba a una persona de la mancha de la impureza ceremonial. Por ejemplo, la casa de un leproso, una madre después del alumbramiento, y el haber tocado un cadáver.

PURIFICACIÓN

PURIM, LA FIESTA DEL Festividad judía de regocijo (14 y 15 de marzo), para conmemorar la liberación de los judíos cautivos en Persia, cuando Amán había planeado matarlos a todos. Amán era el primer ministro del rey persa, y su favorito (Ester 7).

QUERUBÍN

Q

QUERUBÍN Criaturas aladas simbólicas de las que se dice que están en la presencia de la Deidad, guardando artículos sagrados o estacionados en sitios santos. Eran puramente mitológicos, pero simbolizaban la presencia de Dios (Éxodo 25:18).

R

RAMESÉS

RABÍ, RABONI Términos respetuosos para dirigirse a personas educadas. Rabí significa "Maestro" o "Profesor". "Raboni" implica incluso más respeto que Rabí. A Jesús lo llamaban de ambas formas (Juan 3:2; 20:16).

RACA ¡Inútil! ¡Bueno para nada! Expresión de desprecio (Mateo 5:22).

RAMESÉS   Ciudad de Egipto donde se guardaban los tesoros, y construida como Pitón, por hebreos esclavos (Éxodo 1:11). De Ramesés salieron los israelitas en el éxodo de Egipto (Éxodo 12:37).

RAQUEL   Esposa de Jacob y madre de José y Benjamín (Génesis 29:28).

REBAÑO   Un hato de ovejas.

REBAÑO

REBECA   Esposa del patriarca Isaac, y madre de Esaú y de Jacob (Génesis 25:24-26).

REBUSCAR   Juntar el fruto de los árboles, o el grano en el campo, después de levantada la cosecha. Este era un privilegio reservado a los pobres.

RECOLECTOR DE IMPUESTOS   Recogía los impuestos para Roma. Véase: Publicano.

REBUSCAR

RECONCILIACIÓN   Regreso a la armonía después de una separación provocada por la diferencia de ideas. En la Biblia, el hombre pecador se ha separado del Dios justo. El sistema judío de sacrificios estaba designado para obtener esta reconciliación con Dios. En el cristianismo, la reconciliación se obtiene mediante Jesucristo (2 Corintios 5:18).

RED DE PESCA (arrojadiza)   Clase de red que se arroja al agua para atrapar peces.

REDENTOR   El que redime, que compra y libera, o salva. A Jesús se le dio este título porque vino a redimir a la gente del pecado y la esclavitud espiritual, y a restaurarla a la relación filial con Dios (Tito 2:4).

RED DE PESCA

REDES   Cuerdas entretejidas y usadas para atrapar peces, pequeños animales, y aves.

REDIL   Cercado de piedras, en círculo, donde las ovejas permanecían seguras durante la noche.

REFINAR   Proceso para separar el metal puro y otras sustancias encontradas en él, por el uso del fuego.

REFUGIO   Sitio seguro. En los primeros años de los hebreos en Palestina, se separaron seis ciudades como Ciudades de Refugio. Cualquiera que accidentalmente matara a otro, podía huir a una de estas ciudades para protegerse y ser juzgado conforme a la ley (Números 35:9-15).

REDES

REINO   El territorio o la gente gobernados por un rey.

REINO DE DIOS - REINO DE LOS CIELOS   Estas dos expresiones tienen el mismo significado. Jesucristo pensaba en Dios como Padre más que como Rey y, por tanto, el reino de Dios es en realidad la familia de Dios viviendo unida en el espíritu del Padre amoroso.

REDIL

RESURRECCIÓN

ROBLE

ROLLO

ROMA

ROLLOS DEL MAR
MUERTO

REMANENTE   Lo que queda. Palabra empleada para indicar una porción del pueblo judío que sobrevivió a las tremendas experiencias de la cautividad, y permaneció fiel a Dios (Isaías 10:20-22).

REMITIR   Quitar, perdonar.

RESTITUCIÓN   Lo que un ofensor hace para enderezar una injuria hecha a otro.

RESURRECCIÓN   El regreso de la muerte a la vida. La creencia en la resurrección de Cristo después de que su cuerpo se colocó en la tumba, fue central en la fe de los primeros cristianos, tanto como lo es con los cristianos de la actualidad. Esta creencia es la base de la fe en la vida después de la muerte.

RITUAL   Estilo y orden de palabras cuidadosamente preparados para la dirección de servicios formales, como la adoración pública.

ROBLE   (Alcornoque)   Los robles, abundantes en Palestina, alcanzaban con frecuencia una edad avanzada. En los tiempos bíblicos se les veneraba grandemente y en ocasiones se les relacionaba con acontecimientos importantes o con personas (Génesis 13:18; 1 Reyes 13:14).

ROBOAM   Un hijo de Salomón y último rey del imperio unido de David y Salomón.

ROLLO   En los tiempos antiguos, un libro estaba hecho de largos pliegos de papiro o pergamino, en cuyos extremos se ajustaban unos rollos de madera. Cuando una persona leía el papel se desenrollaba en un extremo y se enrollaba en el otro.

ROLLOS DEL MAR MUERTO   Una colección de doce rollos de manuscritos muy antiguos descubiertos en la primavera de 1947 en una cueva cerca del extremo noroeste del mar Muerto. Incluido entre los manuscritos se encontró un rollo casi completo de Isaías escrito en el siglo II a.C., siendo este el manuscrito más antiguo de todos los libros de la Biblia.

ROMA   La famosa capital del poderoso Imperio Romano. A petición propia, Pablo fue llevado a Roma para ser juzgado. Los primeros cristianos, perseguidos aquí por emperadores romanos, buscaron refugio en las galerías de las canteras subterráneas de Roma, conocidas como catacumbas, donde también enterraban a sus muertos.

ROPA   Prendas de vestir, generalmente de lino o lana; también de piel de camello o de cabra.

RUBÉN   El mayor de los doce hijos de Jacob. Fue Rubén el que persuadió a sus hermanos a no matar a José, sino a ponerlo en un pozo del cual él pudiera rescatarlo más tarde.

RUEDA DEL ALFARERO   Una rueda horizontal que se movía con la mano o el pie, usada por el alfarero. Se ponía el barro en la rueda, y mientras giraba, las ágiles manos del artesano le daban forma (Jeremías 18:3).

RUT   Joven moabita cuyo esposo judío murió. Entonces ella fue con su suegra afligida a Belén, y allí conoció a Booz, con quien se casó. Su primer hijo fue Obed, quien vino a ser abuelo del rey David. Libro del mismo nombre.

RUBÉN

RUT

S

SABAOTH, SEÑOR DIOS DEL   Esta expresión se refiere a Dios como el Señor de todas las fuerzas que operan en su universo.

SABBATH (Día de reposo)   En el calendario judío el séptimo día de la semana (de viernes en la tarde a sábado en la tarde), –y otros días especiales– y señalado en el cuarto mandamiento (Éxodo 20:8) para guardarse como día de reposo, como símbolo del pacto hecho entre los hijos de Israel y Dios (Éxodo 21:12-17).

SACERDOTE   Persona nombrada u ordenada para oficiar en las ceremonias religiosas, judías o cristianas, para celebrar ritos religiosos, para dar instrucción moral y religiosa, y para revelar la voluntad de Dios.

SACERDOTE

SACO   Ropa de vestir muy burda, hecha de pelo de cabra o de camello, se usaba como señal de luto (Génesis 37:34).

SACRAMENTO   Ceremonia religiosa en la cual se cree que un acto visible, acompañado de la fe, imparte la bendición de Dios sobre el participante. Los dos sacramentos del protestantismo son los autorizados por Jesucristo mismo: el Bautismo y la Cena del Señor.

SACERDOTE UNGIENDO

SACRIFICIO   Renunciar a algo. En los tiempos bíblicos se hacían ofrendas sobre los altares para pedir perdón a Dios, para rendirle gracias, y para alabarle.

SADUCEOS   Un partido religioso conservador judío cuyos miembros sostenían que solamente la ley escrita era obligatoria. No aceptaban las tradiciones orales de los fariseos, ni el cuerpo de interpretación que ellos habían desarrollado para suplementar la ley.

SACO

SALOMÓN

SALMOS, LIBRO DE LOS   Colección de poemas religiosos usados como himnos en los servicios del templo. Se desconocen los autores de muchos de estos salmos, aunque el nombre de David se relaciona con la mayoría. Es probable que muchos representen himnos del templo que fueron producto de la vida religiosa judía por un período prolongado de tiempo y que se coleccionaron como "Los Salmos de David", debido al talento musical que él poseyó, y a su gran contribución a los servicios del templo.

SALOMÓN   Un hijo de David, tercer rey de Israel. Salomón construyó el templo y mejoró el reino al máximo. Tuvo grande fama de riquezas y sabiduría.

SALTERIO   El libro de los Salmos. También, una colección de salmos arreglados en un libro para los servicios de la iglesia.

SALTERIO   Instrumento musical favorito de todos los judíos para acompañar cantos de alegría. Era un instrumento de cuerda, pequeño, parecido a la cítara o la lira, y sus cuerdas se tocaban con los dedos.

SANSÓN

SALVADOR   Término aplicado a Jesús debido a su obra redentora al salvar al pueblo de sus pecados (Lucas 2:11; Lucas 19:10).

SAMARITANOS   Habitantes de Samaria. Durante la cautividad, se llevó mucha gente de Samaria a Asiria, y de allá trajeron una variedad de colonizadores a Samaria. Por eso, los samaritanos eran un pueblo mezclado, menospreciado por los judíos de Galilea y Judea, de sangre pura. Los samaritanos reconocían como obligatorios solamente los primeros cinco libros del Antiguo Testamento.

SANSÓN   Uno de los jueces que prestó un buen servicio a Israel uniendo al pueblo y defendiéndolo de enemigos externos. La historia de su vida, registrada en Jueces 13–16, parece que se presenta como una serie de leyendas folklóricas.

SAMUEL

SAMUEL   El último de los jueces de Israel y también un profeta de Dios. Cuando el pueblo demandó un monarca, Samuel, por inspiración divina, escogió a Saúl y lo ungió rey, el pueblo confirmó esta elección más tarde.

SAMUEL, 1 y 2   Originalmente eran un libro llamado de Samuel. Estos libros relatan la historia del Imperio Hebreo bajo la dirección de Samuel, Saúl y David.

SANDALIA   Suela de cuero o de madera, atada al pie por una cinta de cuero, o gancho de zapato (Marcos 1:7). Véase Correa.

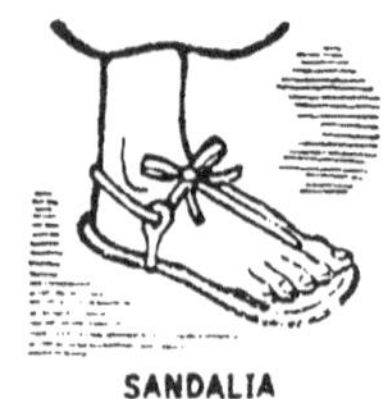

SANDALIA

SANEDRÍN   El concilio judicial más alto de los judíos, y su suprema corte.

SANGRE   En la Biblia, la sangre se relacionaba con la vida misma y nunca se ingería. En los ritos de adoración, la sangre de los animales para sacrificar se rociaba sobre los altares como un acto de expiación por los pecados de los hombres.

SANTIFICAR   Hacer santo. "Santificado sea tu nombre", significa: "Que tu nombre sea considerado como santo, o sagrado".

SANTO   Separado, apartado, por razón de ser santo o divino, como "Santo, santo, santo, el Señor Dios todopoderoso, que era y que es, y que ha de venir" (Apocalipsis 4:8).

SANTOS   Personas de gran santidad y devoción religiosa (Efesios 1:1).

SANTUARIO   Lugar santo, apartado para la adoración de Dios, una iglesia. En algunas iglesias cristianas, santuario es el recinto junto al altar, y se tiene como un lugar apartado, especialmente santo, para los que ministran allí.

SARA   Esposa de Abraham y madre de Isaac.

SARGÓN   El rey de Asiría que conquistó a Samaria y deportó a muchos de sus habitantes. Las ruinas de su alto palacio se descubrieron y se ha obtenido mucha información sobre ese período (2 Reyes 17:5-6).

SAÚL   Primer rey de los israelitas. Su reinado se unió a las tribus hebreas y preparó el camino para David, el rey que le sucedió.

SEGADOR   Uno que recoge el grano en el campo.

SELAH   Vocablo hallado sólo en los libros poéticos de la Biblia, especialmente en los Salmos. De significado incierto, pero, aparentemente, usado en la liturgia hebrea y la dirección musical. Posiblemente indica pausa.

SELLO   Artículo hecho de una piedra preciosa u ordinaria, con un dibujo, para dejar una impresión sobre el barro o la cera. También a la impresión hecha se llamaba sello; con él se daba sanción oficial a los papeles, o para proteger los granos, el aceite de olivo, el vino, etc., de personas no autorizadas que quisieran abrir los depósitos.

SEMILLA DE MOSTAZA   Una semilla muy pequeña que crece rápidamente hasta formar una mata de cuatro a cinco metros de altura. Sus amplios ramajes proveen suficiente espacio para las aves, que se alimentan con las semillas.

CENA DEL SEÑOR

SEPULCRO

SERPIENTE

SICLO

SENAQUERIB Un rey asirio poderoso y vanidoso, cuyos ejércitos asolaron a Judea y sitiaron a Jerusalén (2 Reyes 18 y 19).

SEÑOR El dueño de una propiedad, o personaje investido de autoridad. Cuando esta palabra comienza con mayúscula, se refiere a Dios o a Jesucristo.

SEÑOR, EL DÍA DEL Los primeros cristianos llamaron al primer día de la semana, "el Día del Señor", porque en ese día resucitó Jesús. También era el día en que acostumbraban a reunirse para adorar en memoria de él. Véase: Domingo.

SEÑOR, LA CENA DEL Ritual simbólico y sacramento central en la fe cristiana, celebrado en memoria de la última cena que el Señor Jesús tuvo con sus doce discípulos en el aposento alto de Jerusalén. En ocasiones se le llama "La Santa Comunión," "La Eucaristía," "El Partimiento del Pan" (1 Corintios 11:24).

SEÑOR, LA ORACIÓN DEL Oración que Jesús enseñó a sus discípulos como modelo del verdadero espíritu de oración. Las primeras tres frases de la oración se refieren a la gloria de Dios, y las siguientes tres a las necesidades del hombre. Es probable que para hacer la oración más adecuada al culto público, se haya agregado una doxología durante el primer siglo, pues en dos manuscritos más antiguos no aparece.

SEPTUAGINTA Una traducción griega del Antiguo Testamento hebreo, hecha en Alejandría, Egipto, probablemente en el siglo III a.C. Indudablemente, Jesucristo conocía bien esta versión. Fue la Biblia de la Iglesia Cristiana durante el primer siglo.

SEPULCRO Tumba hecha generalmente en la roca, cuya entrada se cerraba con una gran piedra.

SERMÓN DEL MONTE, EL Enseñanzas de Jesús a sus discípulos, sobre un monte (Mateo 5:1). Habla de las cualidades del verdadero seguidor, y de la vida ideal que debe vivir.

SERPIENTE Término hebreo empleado en la Biblia para cualquiera clase de víbora.

SHEMA Declaración judía de fe formada de tres pasajes del Antiguo Testamento, comenzando con Deuteronomio 6:4-9.

SICAR   Una población de Samaria cerca de la tierra que Jacob dio a José. En Sicar Jesús habló con la samaritana, en el pozo de Jacob (Juan 4:5-26).

SICLO   Moneda judía de plata que valía como 65 centavos oro. Un siclo de oro valía alrededor de diez dólares.

SILAS   Compañero de Pablo en su segundo viaje misionero.

SILOÉ, ESTANQUE DE SILOAM, ACUEDUCTO DE   El conducto, o túnel, de Siloé (558 metros de largo = 1,700 pies), se construyó en el siglo VIII a.C. por el rey Ezequías para asegurar el abastecimiento de agua para Jerusalén en caso de ser sitiada. El túnel proveía el agua de una fuente, fuera de la ciudad, al estanque dentro de ella (2 Reyes 20:20).

SINAGOGA   Tanto una congregación religiosa como el lugar de instrucción y adoración para judíos. En la cautividad, los judíos no podían adorar en el templo de Jerusalén, y proveyeron estos sitios de estudio y oración. Al regresar a su tierra, conservaron las sinagogas acudiendo al templo solamente en los días festivos.

SINAÍ, EL MONTE   La montaña donde Moisés habló con Dios y recibió los Diez Mandamientos (Éxodo 20:1-17). En ocasiones se le llama el Monte Horeb.

SIN LEVADURA   Nombre de un pan que se hace sin levadura.

SIÓN   Enorme cabeza de roca sobre la que se hallaba la fortaleza jebusea conquistada por David, y llamada por él Jerusalén. Con el tiempo, se refería "Sión" a toda la ciudad de Jerusalén.

SIONISMO   Un movimiento moderno para poblar de nuevo a Palestina con judíos de todas partes, y lograr que el estado de Israel sea un miembro de la familia de las naciones. Este objetivo se alcanzó el 14 de mayo de 1948, cuando el Concilio Nacional Judío proclamó el estado soberano de Israel.

SITIO   Acción de colocar un ejército alrededor de una ciudad o de un sitio fortificado, para obligarlo a rendirse como resultado del ataque o del bloqueo.

SUMO SACERDOTE   El jefe espiritual de la congregación hebrea y la suprema autoridad en asuntos religiosos.

TABERNÁCULO

TABLAS DE LA LEY

TABLILLAS DE BARRO

TAÑEDOR

TAMBORÍN

TEMPLO

TABERNÁCULO   Una gran tienda transportable que era un santuario usado por los israelitas como lugar de adoración mientras peregrinaban de Egipto a Canaán (Éxodo 25:1-9)

TABERNÁCULOS, FIESTA DE LOS Véase: Cabañas, Fiesta de las.

TABLAS DE LA LEY, LAS   Piedra en que se escribieron los Diez Mandamientos dados a *Moisés,* conforme a la narración bíblica (Éxodo 24:12).

TABLILLAS DE BARRO   Sobre el barro húmedo se escribía en forma cuneiforme con un estilo cuyo extremo tenía aspecto de cuña, y después se cocía bien el barro. Por miles de años, esta fue una de las maneras preferidas de escribir.

TAMBORÍN   Instrumento musical semejante al pandero, o un pequeño tambor de mano con campanillas de metal (Génesis 31:27).

TALENTO   Unidad tanto de dinero como de peso. El talento hebreo de oro valía alrededor de 32,640 dólares, y el de plata: unos 2,176 dólares.

TALMUD   Una interpretación o comentario de la ley escrita de los judíos.

TAÑEDOR   Un músico, especialmente uno que canta acompañándose con un instrumento musical (2 Reyes 3:15).

TARSO   La gran capital de la provincia romana de Cicilia, en Asia Menor, y lugar de nacimiento de Pablo (Hechos 22:3).

TECHOS   Los techos planos de las casas de Palestina proveían espacio para recreación, dormir, secar granos, hilar y tejer, y aun para edificar un cuarto de huéspedes (2 Reyes 4:10).

TEMOR DE JEHOVÁ, EL   Expresión usada en la Biblia para indicar reverencia y temor al considerar la santidad de Dios.

TEMPLO   El imponente edificio que los judíos tenían en Jerusalén para adorar a Dios. Tres templos se edificaron en el mismo sitio: El templo de Salomón; el templo de Zorobabel, edificado después de la cautividad, y el templo de Herodes, que fue el que Jesucristo conoció.

TEÑIR   Los hebreos sobresalían en este oficio, y usaban telas teñidas tanto para el uso cotidiano como para las ceremonias. Obtenían los colores de ciertos mariscos, cortezas, plantas y minerales.

TERAPHIM o TERAFÍN   Imágenes de diferentes tamaños, pero generalmente pequeñas, consideradas como los dioses domésticos; probablemente se pensaba que poseían poderes mágicos.

TESALÓNICA Ciudad antigua, grande e importante en Macedonia; capital de la provincia. Pablo fundó aquí una iglesia cristiana. Dos de las cartas que escribió a esta iglesia estando fuera, se incluyen entre los libros del Nuevo Testamento.

TESTAMENTO Un acuerdo o pacto solemne. Véase: Pacto.

TESTIMONIO Declaración con el fin de establecer una acción, como de un testigo en la corte.

TIENDAS Las tiendas se hacían de pelo de cabra; un tejido duro, fuerte y de color oscuro.

TILDE Traducción al castellano de la letra más pequeña (iota) del alfabeto griego. Figura para señalar la minucia más insignificante (Mateo 5:18).

TIMOTEO Joven cristiano, nativo de Listra, quien fue un ayudante y compañero amado de Pablo en varios viajes misioneros.

TIRO Puerto importante de Fenicia sobre la costa noroeste de Palestina, y famoso por su tintura púrpura. Era la capital del rey Hiram, amigo de David y Salomón, de quien obtuvieron materiales y ayudantes para construir el palacio de David y el templo de Salomón, en Jerusalén.

TORAH El libro judío de la ley; el Pentateuco, o sean los primeros cinco libros del Antiguo Testamento.

TRAMPA Celada hecha con una cuerda para atrapar pájaros y animales pequeños.

TRANSFIGURACIÓN Experiencia sobrenatural de Pedro, Santiago y Juan, con Jesucristo, sobre un monte alto. La experiencia sirvió para aumentar la confianza y fe de ellos en su Señor.

TRANSGRESIÓN Algo que se hace en contra de la ley de Dios y la humana. Un pecado.

TRASPASAR Entrar a la propiedad ajena. Ir más allá de los límites de lo que es correcto, posible, o justo. Pecar.

TRIBU Un grupo de personas, o familias, de una sola ascendencia, y conservados unidos por los lazos de la sangre, mientras los gobierna un hombre a quien se considera el padre. Las doce tribus de Jacob eran las familias de los doce hijos de Jacob.

TRIBULACIÓN Congoja, pena tormento o aflicción moral.

TRIBUTO Impuesto de una u otra clase.

TERAFÍN

TIENDAS

TIMOTEO

TORAH

TRANSGRESIÓN

TRASPASAR

TRILLAR

TRILLAR   El proceso de separar el grano del tallo ya fuera golpeando las espigas con un palo sobre el suelo o, si se trataba de grandes cantidades, pasando por encima varias yuntas juntas y arrastrando la plancha trilladora.

TRINCHERO   Un plato largo y un poco hondo que se usaba en las ofrendas de sacrificio. La cabeza de Juan el Bautista fue puesta en un trinchero después de su muerte.

TRINCHERO

TRONO   El asiento de un monarca reinante. En ocasiones el término significa poder real, y no precisamente un asiento (2 Samuel 3:10).

TUBA   Instrumento de viento hecho de caña o madera, para producir sonidos musicales, soplando en un extremo o por un agujero hecho en un lado. Era muy usado por los pastores para llamar a sus ganados, y por los músicos en ocasiones de gozo o de luto.

TRONO

U

UNGIR   Aplicar aceite o ungüento sobre la cabeza. Esto se hacía como señal de hospitalidad a un huésped, o como un rito de consagración a ciertos puestos importantes.

UNGÜENTO   Hecho a base de aceite de olivo, con otros ingredientes, que se usaba para sanar las heridas y raspaduras de hombres y animales, para suavizar la piel y perfumar el cuerpo. En el culto ceremonial del tabernáculo y el templo se empleaba un aceite de santa unción, cuya fórmula la dio Moisés (Éxodo 30:23-25).

USURA   El interés pagado sobre dinero prestado.

TUBA

USURERO   El que presta dinero por interés.

UVAS   Las uvas se daban con abundancia en Palestina y eran un alimento de importancia, ya fueran frescas, recién cortadas, o como pasas. A veces el jugo servía hasta reducirlo a una jalea semejante a la miel de abeja, y se comía con pan, pero generalmente con el jugo se fabricaba vino.

USURERO

V

VALLE   Una llanura.

VARA   Un palo como de dos metros de largo, utilizado por los pastores al ascender montañas, para apoyarse y dirigir las ovejas en los pasos escabrosos. Por la noche, las ovejas "pasaban bajo la vara" cuando entraban al redil, esto es, eran contadas con la vara.

UVAS

VARA DE PASTOR   Una palabra que a veces se usa con el significado de cayado. Sin embargo, la vara era por lo general un palo grueso como de un metro de largo, con una cabeza abultada, y que se usaba para golpear a los lobos cuando atacaban a las ovejas.

VASOS   Depósitos en que se cocinaban o se guardaban los alimentos, como los de bronce y barro, usados en casa. Para las ceremonias del templo, los vasos eran de oro, plata y bronce.

VELO   Lienzo empleado por las mujeres para ocultar el rostro. También lo destinaban los pastores y campesinos para protegerse la cabeza y el cuello, de los rayos del sol. En el tabernáculo y el templo, el Lugar Santísimo estaba separado del Lugar Santo por un gran velo suspendido. Este fue el velo del templo que se partió en dos cuando crucificaron al Señor Jesucristo.

VENGADOR   La persona o personas que retornaban el castigo a uno que había hecho mal a un pariente suyo. Esto se aprobaba según las normas del Antiguo Testamento, aunque más tarde esas ideas se modificaron notablemente.

VENGANZA   Satisfacción que se toma del daño, agravio o perjuicio recibido.

VÍA APPIA   Famoso camino en Italia que Pablo recorrió en su viaje a Roma.

VÍA DOLOROSA (Camino de Dolor)   Calle muy angosta e inclinada, en Jerusalén. La tradición dice que esta fue la ruta seguida por Jesús cuando llevaba su cruz del palacio de Pilato al Gólgota, el lugar de su crucifixión.

VIAJE DE UN DÍA   Aproximadamente cuatro u ocho horas de andar, o sean como 40 km = 25 millas. Era la unidad a que el pueblo se refería para estimar las distancias recorridas. El viaje de un día de reposo se reducía a mil yardas. Véase: Camino de un sábado.

VID   Cualquier planta suave que se extiende por el suelo o trepa a algún objeto vertical. En la Biblia se mencionan varias clases de vides, especialmente la de uvas (Juan 15:1-8).

VIDA ETERNA   Sin fin. Pero vida eterna significa más que mera duración; incluye la cualidad de vida que está en armonía con el propósito eterno de Dios para el hombre.

VIGA DE CARNERO   Una viga pesada con cabeza de acero que a veces se le daba la forma de una cabeza de carnero, y se usaba para remover puertas y murallas durante el sitio de una ciudad.

UNGIR

VARA DE PASTOR

VASOS

VIA APPIA

VID

VIGA DE CARNERO

VIÑA

VIGILIAS DE LA NOCHE   Durante la ocupación romana de Palestina, los judíos reconocían cuatro vigilias de tres horas cada una. Se llamaban "primera", "de medianoche", "el canto del gallo" y "de la mañana" (Marcos 13:35).

VIÑA   Lugar donde crecen las uvas. Debido a su clima favorable, desde los primeros tiempos en Palestina abundaron las vides.

VISIÓN   Algo que se cree que es real, presentado a la mente en forma de imágenes, ya sea durante el sueño, un trance, o algún estímulo emocional. A veces Dios habló a través de visiones a los profetas y a los hombres santos.

YELMO

Y

YELMO   Cubierta de metal para proteger la cabeza y el rostro de heridas en la batalla.

YUGO   Instrumento de madera con dos arcos que rodean los cuellos de dos bueyes. Uncidos así, los bueyes desempeñaban por igual la tarea de tirar de una carga pesada.

YUGO

Z

ZACARÍAS   El padre de Juan el Bautista. Cuando Zacarías cumplía con su deber como sacerdote del templo, un ángel le apareció y le anunció que su esposa Elisabet le daría un hijo, quien prepararía su pueblo para la venida del Mesías (Lucas 1:5-23).

ZAPAPICO

ZAPAPICO   Utensilio de agricultura parecido a un azadón de tamaño reducido, y que se usa para romper el suelo.

ZAPATOS   En los tiempos del Antiguo Testamento, los zapatos eran, por lo general, sandalias con suela de cuero y atadas al pie con correas. Véase: Sandalia.

ZARZA   Espinos de los que abundaban en gran variedad en Palestina.

ZURRÓN

ZURRÓN   Pequeño bolso de cuero en que los pastores y caminantes llevaban alimentos u otras cosas necesarias (1 Samuel 17:40).